Transaction Costs
and Business Environment
Theoretical Mechanisms and Empirical Testing

交易费用与营商环境

理论机制与实证检验

刘 健◎著

经济管理出版社
ECONOMY & MANAGEMENT PUBLISHING HOUSE

图书在版编目（CIP）数据

交易费用与营商环境：理论机制与实证检验/刘健著 . —北京：经济管理出版社，2023. 11
ISBN 978-7-5096-9506-7

Ⅰ. ①交… Ⅱ. ①刘… Ⅲ. ①交易—研究 Ⅳ. ①F713

中国国家版本馆 CIP 数据核字（2023）第 244465 号

组稿编辑：申桂萍
责任编辑：申桂萍
助理编辑：张 艺
责任印制：许 艳
责任校对：蔡晓臻

出版发行：经济管理出版社
　　　　　（北京市海淀区北蜂窝 8 号中雅大厦 A 座 11 层　100038）
网　　址：www. E-mp. com. cn
电　　话：（010）51915602
印　　刷：北京市海淀区唐家岭福利印刷厂
经　　销：新华书店
开　　本：720mm×1000mm/16
印　　张：11. 75
字　　数：218 千字
版　　次：2023 年 11 月第 1 版　　2023 年 11 月第 1 次印刷
书　　号：ISBN 978-7-5096-9506-7
定　　价：78. 00 元

目　录

第一章　导论

第一节　问题提出

分工经济与交易费用的"两难冲突"内生决定市场规模，专业化分工提高生产效率、内生化市场交易，交易费用的增长不可避免（杨小凯，2003）。交易费用被认为是运用价格机制成本或经济制度的运行费用（科斯，1937）。正是由于市场运行中交易费用的存在，而不是新古典经济学的零交易费用假设，新制度经济学才有别于新古典经济学，其分析也才会更贴近现实。交易费用是衡量经济活动的重要变量，从历史角度来看，交易费用也是经济增长的限制因素（Wallis and North，1986）。因此，理解交易费用显得十分重要。

1978 年以来，中国经济高速增长，市场化改革释放了市场活力，降低了经济运行的交易费用。从新制度经济学视角考察中国经济增长的根源，制度被认为是经济增长的重要基石。杨小凯（2003）指出，交易费用决定市场规模，市场规模决定分工水平，市场范围的扩大和社会分工的深化导致交易费用越来越大，交易费用与经济增长保持一致、同步趋势。

交易费用究竟是什么？自罗纳德·科斯于 1937 年提出"交易费用"一词以来，人们对交易费用的定义和内涵仍然存在争议（Fischer，1977；Moe，1984；Goldberg，1985；Masten et al.，1991；Polski，2000）。宏观层面的交易费用的内涵与外延经历了由窄到宽的变化，从最初科斯的价格机制运行费用延伸到阿罗等的经济系统运行费用，巴泽尔等产权确定、转移和交换的费用，再到后来扩展到以张五常、诺斯为代表的制度运行费用，这些对交易费用较为具体的定义各具特色，呈现多样化、多层次的特点。

尽管对交易费用的定义存在争议，但这并不妨碍国内外学者对交易费用进行测度研究。对于梳理交易费用的文献本书可以将其划分为两大类：一类是宏观层面的交易费用测度，另一类是微观层面的交易费用测度。宏观层次的测度是以Wallis 和 North（1986）为代表的直接测度。自从 Wallis 和 North 在宏观层面上考察 1870~1970 年美国交易费用变动趋势后，不少学者利用跨国数据来验证 Wallis 和 North 的结论（Dolley and Leong，1998；Ghertman，1998；张五常，1999；Hazledine，2001；Chobanov and Egbert，2007）。国内学者也测度了中国的交易费用。缪仁炳和陈志昂（2002）沿用 Wallis 和 North 分析框架，以劳动分工为基础的核算方法，测度 1978~2000 年的宏观交易费用，结论是交易部门的交易费用占 GDP 比重从 1978 年的 28.4% 上升到 2000 年的 43.2%，非交易部门的交易费用占 GDP 的比重从 13.5% 上升到 23.1%。金玉国与张伟（2005）以交易行业和交易服务增加值来测算 1991~2002 年的外在性交易费用，其占 GDP 的比重相对稳定，围绕 20% 上下波动。

国内外学者对交易费用的测度研究有待进一步完善。Wallis 和 North（1986）对交易费用总量的直接测度进行了开创性研究，但这种针对交易部门和转换部门的估计仅测算了与市场交易相关的交易费用和维持市场发展的市场交易费用，忽略了经济体的非市场交易费用，不能准确地测度既定制度环境下的经济体交易费用的总量。特别地，对发展中国家而言，非市场交易费用大量存在，对其非市场交易费用的测度仍然是一项颇富挑战性且极为重要的工作。国内研究也存在一些不足之处。第一，缺乏交易费用的长期变动规律研究及其测度，现有研究以 10 年左右或更短时期为主，而要全面观察交易费用变动及其与经济增长之间的关联，至少应该要在一个较长期限观察交易费用的变化趋势，Wallis 和 North（1986）测度了美国约 100 年交易费用的变化趋势。第二，较少测度非市场交易费用，笪凤媛和张卫东（2009）间接选取一些指标来反映非市场交易费用的规模，完整性、系统性值得商榷，对发展中国家而言，非市场交易费用规模可能会比市场交易费用还要大，如果没有测度非市场的交易费用，那么对交易费用的测度是不全面的，完整测度非市场交易费用可能比较困难，可以通过比较制度绩效来判断哪些制度能够降低非市场交易费用，非市场交易费用的影响因素有哪些？微观层面上的交易费用测度，只能提供交易属性对组织成本差异的影响方面的证据，需要进一步发展交易费用的量化指标。国内对微观层面交易费用的测度相对较少，大多数关注重点是宏观层面上的测度。第三，交易费用的理论分析不多见。交易费用增长与经济增长存在一定相关性，交易费用既包括宏观的交易费用也包括微观的交易费用，但对这两种交易费用内在联系及差异的分析相对不足，宏观交易费用变化与专业化分工有关，微观交易费用与交易效率相关，微观交易费用影响宏观交易费用，宏观交易费用不是微观交易费用的加总。第四，营商环境是衡量交易费用的一个重要指标，优化营商环境可以显著降低企业运行的制度性成本，减少企业运行面临的交易费用。

鉴于已有研究文献的不足，本书力争从以下三个方面做出完善：第一，从一个较长时期来考察中国整体的交易费用的变化趋势，分析宏观交易费用、微观交易费用与经济增长之间的关联，这样得出的结论可能更加准确和具有参考价值；第二，考虑到中国是一个发展中国家，非市场交易费用的规模可能会很高，这是本书研究的一个重点，这是以往文献中不多见的，本书将选择营商环境这个指标来比较我国城市之间的非市场交易费用；第三，借用新兴古典经济学分析框架，构建专业化、交易费用和经济增长的模型，阐述交易费用增长的原因，并考察我国近 30 年来交易效率的变化趋势。

第二节　基本概念的讨论与界定

一、交易费用

（一）概念

交易费用是新制度经济学的一个基本分析单位，关于交易费用定义，最早关于交易费用的阐述源于科斯（1937）在《企业的性质》中指出的：利用价格机制是需要付出代价的，具体是指发现价格、谈判和签约的成本。后来的经济学家对于交易费用的定义产生不少争议。经典定义可以概括为以下几种：阿罗（Arrow，1969）的经济制度运行的费用；巴泽尔（1997）的与转移、获取和保护权利相关的费用；张五常（1999）的一切不直接发生在物质生产过程中的成本。

科斯的交易费用定义重点关注市场机制的运行成本，形象化、具体化交易过程产生的费用，如商品买卖过程中讨价还价费用，用来保障交易执行的费用，并把这些费用分为事前交易费用、事中交易费用和事后交易费用。巴泽尔和阿尔钦的交易费用定义与产权相关，他们认为产权的交易、确立、执行等都会发生交易费用，交易费用与产权的变化相关。阿罗的交易费用描述利用经济制度的成本，与制度相关的一切费用。阿罗认为交易费用可能是市场组织的真实成本、制度运行成本，还可以是制度的机会成本以及制度无效带来的损失。张五常的交易费用概念是相对宽泛的，交易费用包含信息成本、讨价还价成本、合同履行成本、产权确定成本，简而言之，交易费用是除了生产以外发生的全部费用，与"看不见的手"相关的费用。

（二）性质

从上述交易费用定义来看，无论是从张五常、阿罗的宽泛交易费用，还是科斯、巴泽尔的狭义交易费用，主要性质可以概括为：

第一，交易费用需要一定的社会资源投入。从本质上看，交易费用也是一种成本，需要投入时间、货币或其他资源。消费者购买商品需要花费时间去搜寻商品的信息、价格、性能等主要参数，这里的交易费用是指消费者的事前交易费用——信息搜寻成本。厂商为了促销采取各种各样的营销手段保障消费者全面了解产品的性能和功能，这些交易费用是厂商的事前交易费用。除了上述事前交易费用，交易费用还可以是在交易完成后为保障交易顺利执行的契约的执行成本，例如，监督交易双方按照契约要求执行交易，这些同样需要耗费一部分资源才能完成。因此，交易费用也是一种综合成本，既可以是时间、精力等无形成本，也可以是货币、财物等有形成本。

第二，交易费用影响交易的规模和频率。交易费用需要耗费一定的成本，如果市场交易费用太高，可能会对交易产生决定性影响。某些情况下，交易费用太高可能导致交易无法实现。例如，小张电脑坏了，要寻找一名专业维修工人提供修理服务，但是电脑维修需要排队等候，如果是 24 小时内，小张愿意等待，但是如果超过 24 小时，将会影响小张的工作完成进度，此时时间等待成本影响这笔交易能否顺利达成，也就是说，如果交易费用太高，可能某些交易无法达成，尤其是部分无形成本、隐性成本太高会导致整个事前交易成本太高，交易频率下降，交易规模收缩。

第三，交易费用无法完全消除，但可以降低。根据张五常（1999）的定义，交易费用不存在鲁宾逊·克鲁索生活的世界中，只要存在市场就会存在交易，交易费用无法完全消除，但交易费用可以降低。新制度经济学认为，技术、制度等都是影响交易费用的重要因素。制度可以促进交易顺畅运行，降低交易监督和执行费用；先进技术手段可以减少信息搜寻成本，降低事前的交易费用。例如，网上银行显著节约了人们从银行来回的奔波时间、等待时间，让传统模式下可能需要几个小时时间压缩在几分钟内完成，节约了交易费用。

（三）交易费用的分类

交易费用耗费资源，因此有必要弄清楚资源耗费的高低，这就需要准确测度交易费用。对于交易费用的测度，学术界的观点是不一致的，部分学者认为交易费用的概念过于宽泛，并且交易费用既涉及有形的成本支出，还包括无形的成本投入，如时间、精力的投入，这些不同的费用计量单位存在差异难以加总，测算总交易费用相当困难。也有学者认为，准确测度交易费用难以实现，但可以采用间接方法测度交易费用，例如，比较同一笔交易在不同时间、地点的交易费用是否相同。还有学者认为，交易费用测度与交易费用类型相关，宏观意义上交易测度相对容易，但是微观交易费用只能采用一些间接方法进行对比或比较。下面根据交易费用的定义，从宏观和微观两个层面考察交易费用的测度。

1. 宏观交易费用

宏观层次的交易费用测度是一个国家或地区一定时间内交易费用的总和，代表性的宏观交易费用是 Wallis 和 North（1986）的部门分类法。他们对国民经济部门进行分类，把国民经济所有部门分为公共部门和私人部门。公共部门包括交易部门和非交易部门，私人部门包括转换部门和交易部门。公共部门交易费用是交易部门的总支出，私人部门的交易费用是行业全部资源投入。私人转换部门和公共非交易部门的交易费用是通过计算行业所雇用的交易员工的工资来代表交易费用，最终测度 1870~1970 年美国市场的宏观交易费用，结论是劳动力从转换部门流向交易部门，生产行业的就业数量不断下降，服务业就业数量不断增加，宏观交易费用伴随着经济增长而不断上升。

2. 微观交易费用

微观交易费用包含事前交易费用、事中交易费用和事后交易费用，主要是搜寻交易对象、契约谈判、签订契约、契约执行和监督，主要影响因素包括两个方面：一是交易制度。影响事前交易、交易过程和事后交易的所有制度因素综合，制度因素带来的交易费用可称为"制度型交易费用"。二是交易技术。是指在影响事前交易、交易过程和事后交易的所有技术因素综合，技术约束导致的交易费用可称为"技术型交易费用"（高帆，2007）。制度型交易费用和技术型交易费用共同作用于交易过程，并决定微观交易费用的高低。

（1）制度型交易费用。制度是一个比较宽泛的含义，影响市场交易制度包括正式制度和非正式制度，正式制度包括市场制度、产权制度、价格制度、货币制度、信用制度和法律制度等，非正式制度包括社会风俗、习惯、道德约束等。制度对交易费用的影响是检验政府治理有效性、官员行为合法性和法律制度公平性的"试金石"（Campos and Nugent，1999）。本书选择的制度型交易费用指标包含市场化交易制度、法律交易制度、政府行政效率和中介组织制度。

（2）技术型交易费用。是指直接或间接影响交易费用的各种基础交通设施、通信设施和服务设施，促进人力资本形成的教育与医疗设施。基础交通设施是指公路、铁路和航运等运输性基础设施，决定了市场交易的时间耗费和运输成本。通信设施是指电话、网络等信息技术，决定市场信息传递，信息搜寻成本、解决信息不对称和降低不确定因素，促使交易范围扩张，并形成对履约的保障机制。教育与医疗等服务设施，提高居民认识、识别各种生产、交换活动的技能和能力，提供了一种劳动生产能力信号显示和市场甄别机制（Lucas，1999）。

如图1-1所示，微观的交易制度通过制度型交易费用和技术型交易费用影响交易效率。交易效率的变化解决了微观领域个体追求交易费用最小化和宏观领域交易扩张的内在矛盾，即个体在追求交易费用最小化时可能会导致宏观交易费用

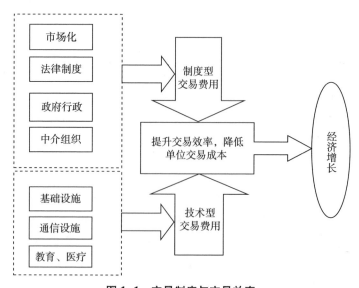

图1-1 交易制度与交易效率

上升。结论是交易效率的上升，单笔的交易费用下降，宏观交易费用上升。因此，从交易效率视角来看，微观交易费用和宏观交易费用是反方向变化。

（四）交易费用与经济增长

交易费用如何影响经济发展呢？斯密（1972）认为，交易费用将通过限制或便利人们之间的专业化和劳动分工影响国民财富。杨小凯（1997）在分析分工和专业化的市场均衡时发现，分工和专业化的好处与交易费用消耗之间存在此消彼长的关系，也称为分工与专业化的"两难冲突"。现有文献关于交易费用与经济增长关联的主要结论是，降低交易费用能够促进经济增长，特别是政府及政府治理或相关的制度、法规措施可以降低非市场的交易费用。关于制度与经济增长关系的研究，多数学者是建立在新制度经济学理论的分析框架下，认为制度变迁在先，经济增长在后，制度变迁是经济增长的关键变量，把制度作为外生变量，制度决定交易费用，交易费用对经济增长有关键性影响。经济社会是一个由众多的经济主体、制度安排和自然环境及其之间的相互关系所组成的复杂系统，因此必须以某种方式对概念进行组织以构建经济学的分析框架（杨小凯等，1999）。

早期文献从不同视角研究了交易费用与经济增长的内在关联，但都集中在交易费用的一个分支或交易费用的一个组成部分。古典经济学家认识到了交易费用的重要性，使后人沿着不同的角度发展了他们的思想。新古典经济学不考虑运输成本，因为运输成本给它的模型化带来了难题。交易费用经济学重视分析交易效率，但它不关注运输成本，新经济地理学关注了运输成本，但不关注交易费用。中国的制度转型为检验经济增长与交易费用之间关联提供了很好的样本。制度之所以存在就是为了节省交易费用，但制度本身也耗费资源，制度变迁也是交易费用变化的过程。因此，中国交易费用的变化就可以体现在制度变迁的过程中。

二、营商环境

世界银行将企业成长过程中面临的外部环境定义为营商环境（陈振明，2000）。自2003年起，世界银行连续17年对全球190个经济体的营商环境进行评估并发布了《营商环境报告》，其主要指标涵盖十个领域：开办企业、办理施工许可证、获得电力、登记财产、获得信贷、保护少数投资者、纳税、跨境贸易、执行合同和办理破产（李聪，2020）。考虑到营商环境与财政分权之间的关系，国外学者将营商环境定义为衡量政府效率、规制质量和腐败程度的制度环境（Escaleras and Cliang，2017）。经济学人智库构建的营商环境体系多以宏观指标为主，如政治环境、宏观经济环境、市场机遇、外贸政策等（张三保等，2020）。

营商环境是衡量地区企业投资、运行等市场经济活动的综合制度环境，优化营商环境是一场深刻的体制改革与制度创新。营商环境建设涉及以政府职能为核心的行政管理体制改革、以完善现代化市场体系为核心的资源配置改革、以开放型经济体系为核心的对外贸易改革（娄成武和张国勇，2018）。制度影响了企业家对劳动力结构的需求，若区域内从事生产性活动的企业数量较多，会增加对技能型人才的需求；若区域内从事非生产性活动的企业数量较多，则会在一定程度上降低企业内部技能型岗位数量（张卫东和夏蕾，2020）。优化营商环境抑制了企业寻租行为，激励了企业创新，促进了市场竞争，提高了企业对技能型人才的需求。寻租活动有益于企业创新，从而增加了技能型人才的需求。

第三节　研究思路与研究方法

一、研究思路

本书在新制度经济学交易费用的理论基础上，从实施交易基础的契约成本出发，明确了研究对象为市场交易费用和非市场交易费用，借用 Wallis 和 North（1986）的交易部门的分类原则，将国民经济部门划分为交易部门和转换部门，基于部门分工扩展和劳动力流动规律分别测度了交易部门和转换部门的市场交易费用，从企业制度层面测度非市场交易费用，论证了非市场交易费用与交易效率的关联。借用新兴古典经济学的分析框架，实证分析了交易费用、专业化生产和经济增长的关联，并从交易费用视角实证分析了营商环境对居民消费、就业、收入、人力资本结构的影响。本书的研究结论是：交易费用包括宏观交易费用和微观交易费用，绝对交易费用和相对交易费用占 GDP 比重不断上升；非市场交易费用下降的原因是交易效率的不断上升；营商环境与交易费用密切相关，优化营商环境可以显著降低交易费用，从而提升居民消费、促进就业、减少收入差距和优化人力资本结构。

二、研究方法

（一）交易部门的分类

Wallis 和 North（1986）的交易费用"二分法"根据交易属性将部门划分为

交易部门和转换部门（或生产部门）。交易行为主要包括商品市场买卖、生产过程协调、交易信息获取、进行市场营销、产权保护等行为构成。转换行为包括对自然物质的开发研究、变换和位移、消费性服务的生产等行为构成。交易费用是市场交易过程中处理人与人之间利益交换相联系的费用，主要衡量劳动、资本和企业家才能等投入要素。转换费用是人与自然之间物质交换相联系的费用，是执行生产转换行为而投入的劳动、资本和技术的耗费。交易部门产生交易费用，转换部门既产生转换费用又产生交易费用，但两个部门的交易费用所占比重不一致。所有部门都可以归为这两大类，短期来看，交易部门和转换部门是相对稳定的；长期来看，交易部门和转换部门在国民经济中比重会发生变化，结果是转换部门不断收缩，交易部门不断扩张，劳动力从转换部门流向交易部门，与配第一克拉克定律内容几乎一致（见表1-1）。

表1-1 交易部门与转换部门划分

行业	行业性质	交易费用测度
农、林、牧、渔业	转换部门	部门增加值
采矿业、制造业		
电力、热力、燃气及水的生产和供应业		
建筑业		
设备修理业		
卫生体育和社会福利业		
交通运输、仓储业、信息传输		
住宿和餐饮业		
科学研究、技术服务、地质勘查业		
金融业、保险业	交易部门	部门内交易从业人数×人均工资
房地产业		
批发和零售业、租赁和商务服务业		
计算机服务和软件业		
国家机关、政党和社会团体		
邮电通信业		
国防		国防预算

（二）交易部门的交易费用测度方法

根据 Wallis 和 North（1986）的研究思路，首先需要划分交易服务部门和转换服务部门。国民经济核算中行业划分如下：第一产业（农、林、牧、渔业）、第二产业（工业采掘业，制造业，电力、热力、燃气及水的生产和供应业，建筑业）、第三产业（农、林、牧、渔服务业，地质勘探业和水利管理业，交通运输仓储和邮电通信业，批发和零售业，住宿和餐饮业，金融业，保险业，房地产业，社会服务业，卫生体育和社会福利业，教育，文化艺术和广播电视业，科学技术和综合技术服务业，国家机关、政党和社会团体，国防，其他）。

　　农、林、牧、渔业，采矿业，制造业，电力、热力、燃气及水的生产和供应业，建筑业，设备修理业，卫生体育和社会福利业，交通运输、仓储业，信息传输业，住宿和餐饮业，科学研究、技术服务和地质勘查业等转换部门的交易费用采用部门增加值；金融业，保险业，房地产业，批发和零售业，租赁和商务服务业，计算机服务和软件业，国家机关、政党和社会团体及邮电通信业等交易部门的交易费用采用部门内从业人数的工资之和，国防采用国防预算作为交易费用。假定第一产业中的交易费用全部体现在农、林、牧、渔服务业中，历年第一产业的交易费用等于第一产业从业人数乘以交易人员比重再乘以人均工资；第二产业的交易费用等于第二产业中的从业人数乘以交易人员比重再乘以人均工资；第三产业的交易费用计算方法是：金融、房地产业等公共交易部门采用各从事交易性员工的数量乘以第二产业相应行业的平均工资反映其交易费用，非交易部门则假定一半从业人员属于交易性员工，故其交易费用为各非交易服务行业的增加值的一半，将二者加总可得到第三产业的交易费用总量。最终将第一、第二、第三产业的交易费用加总可测算全国交易部门的交易费用总量及其行业构成的特征。

第二章　交易费用测度的理论研究

已有交易费用的测度文献遵循两条思路：一是度量一国或地区的经济体宏观层次的交易费用的总量，多数采用宏观层面交易费用测度（Wallis and North，1986）的测度方法。二是微观层次的交易费用测度，多数文献是间接测度。例如，政府管制带来的交易费用、政策执行导致诱致型的交易费用。交易费用测度的困难在于交易费用定义的多样化，根据前文对交易费用定义的归纳，可以看出定义多样化是准确测度交易费用面临的主要困难。关于交易部门和转换部门划分难以操作，常常是由于交易部门和转换部门相互重合，很难明确哪些部门是交易部门，哪些部门是转换部门。交易费用的高低决定交易的规模和频率，高额的交易费用会导致潜在交易没有发生，此时交易费用高于观察到的市场交易费用。因此，用宏观交易费用衡量可能低估了市场的全部交易费用。

第一节　宏观层面交易费用测度方法

一、以 Wallis 和 North（1986）为代表的直接测度法

宏观层次的交易费用是以 Wallis 和 North（1986）为代表的直接测度法，Wallis 和 North（1986）在《美国经济中交易部门的测度：1870-1970》一书中，首次从总量视角测度了一国的交易费用。他们对国民经济部门进行分类，该方法以是否与交易直接相关为标准，把国民经济部门划分为私人部门和公共部门，私人部门包括转换部门和交易部门，公共部门包括交易服务部门和非交易服务部

门。私人交易部门的交易费用是行业全部资源投入，公共部门交易费用是交易部门的总支出，私人转换部门和公共非交易部门的交易费用是通过计算行业所雇用的交易员工的工资来代表交易费用。研究结论是：从 1870 年到 1970 年，美国交易费用总量占 GNP 的比重从 25% 上升到了 45%，并且交易费用在国民经济中的占比不断上升。从 Wallis 和 Morth（1986）的研究结论来看，交易费用随着经济增长而上升，原因是交易部门扩张吸纳了更多劳动力流入，转换部门收缩劳动力流出。劳动力从转换部门流入到交易部门是导致交易费用上升的主要原因。

国外文献均采用以 Wallis 和 North（1986）的方法测度宏观经济体的交易费用。Dollery 和 Leong（1998）估计出澳大利亚 1911~1991 年的交易费用，结论是经济增长过程中交易费用在不断上升，澳大利亚的交易费用增长是私人交易部门扩张导致的，而美国交易费用上升较快是公共交易部门扩张引起的。交易费用的上升既可以是由公共部门扩张，也可以是由私人部门扩张导致。Ghertman 和 Allègre（1997）、Dagnino-Pastore 和 Farina（1999）计算了 1960~1990 年美国、法国、德国、日本四个国家的交易费用变化趋势，得出的结论同样支持 Wallis 和 North（1986）的结论，交易费用与经济增长具有高度一致性，原因是交易部门扩张导致交易费用上升。张五常（1999）估算了中国香港的交易费用，1999 年中国香港的交易费用占整个 GDP 的 80% 左右，这代表了中国香港大量资源是用于交易功能的，用于转换功能的资源占比只有 20%。Hazledine（2001）测度了 1956~1996 年新西兰的交易费用，测度结果与以往文献不一致，其交易费用是先上升后下降，具体来看，从 1956 年的 36% 上升到 1991 年的 86%，然后开始下降，至 1996 年下降至 68%，这是与以往研究结论不一致的，原因在于与新西兰出现严重的经济危机有关，经济危机导致交易部门的就业人数下降，转换部门的就业人数增加，交易费用下降。Chobanov 和 Egbert（2007）测算了 1997~2003 年保加利亚的交易费用，该国交易费用快速上升，从 1997 年的 37% 上升到 2003 年的 52%。

Wallis 和 North（1986）对宏观交易费用的测度引起很大争议。一方面，通过宏观部门划分的方法来确定交易部门和转换部门忽视了交易费用的本质特征，交易费用分类并不是根据部门来确定（Fischer，1977）。另一方面，宏观部门交易费用测度是可测度的市场交易费用，某些交易可能是非市场交易费用，特别是一些发展中国家的非市场交易费用规模可能很高，它们的方法可能只适用于发达国家，发展中国家的市场交易费用所占比例可能低于非市场交易费用规模，因此有必要测算发展中国家的非市场交易费用，这样才能准确比较跨国交易费用的差异。

缪仁炳和陈志昂（2002）借鉴 Wallis 和 North（1986）的测度方法，并结合我国国民经济核算体系，将我国国民经济核算部门划分为生产、运输和通信、交易三部门，并假设交易费用与从事交易的人数正相关，通过检验从事交易的人数与经济总量之间的关系来分析交易费用与经济增长的关系。其研究结论为：1978～1990 年，我国从事交易的人数与经济总量的相关系数为 0.945，1993～1996 年该系数为 0.99，均属高度相关，从而证实了中国交易费用的增长与经济增长具有正的强相关关系；在不考虑农业费用，并将文化、教育、科技、卫生部门视为交易部门的条件下，交易费用占我国总费用的 62%。在后续的研究中，他们对该计量方法做了改进，将我国国民经济核算部门分为非交易服务产业、交易服务产业和国家服务部门，并将所有从业人员分成两类：一是提供交易服务的人员，二是提供转换服务的人员。通过计算各个部门中提供交易服务人员的数量与其平均工资的乘积之和，即为全国总的交易费用，结论为：我国交易费用占 GDP 的比重从 1978 年的 28.4% 上升到 2000 年的 43.2%；交易费用与经济增长之间的相关系数为 0.998，且高度显著。金玉国和张伟（2005）借鉴 Wallis 和 North（1986）的做法，将国民经济部门区分为转换部门和交易部门，利用现有的国民经济核算数据，对我国外在性交易费用（交易部门所产生的交易费用）进行了测算。外在性交易费用等于全部交易部门所消耗的社会资源，其价值表现形式就是所有交易部门的增加值之和。通过测量发现，按当年价计算的外在性交易费用的绝对数从 1991 年的 4429.7 亿元增加至 2002 年的 20576.10 亿元，增加了 3.5 倍；消除价格变动影响后，增加了 1.78 倍，说明计算期内交易费用的绝对规模是扩大的。但从相对规模来看，交易费用占 GDP 的比重似乎没有变化，即该数列是一个平稳的时间数列。在经济规模保持不变的前提下，市场化水平每提高 1 个百分点，交易费用的比重下降约 0.1 个百分点。如果没有经济体制转型因素，我国相对交易费用平均每年递增 0.153%，而在实际经济运行中，这一增长趋势被体制转型节约的交易费用所抵消。

卢现祥和李小平（2008）以交易行业和交易服务的增加值来测算中国省一级层面的交易费用，并实证分析交易费用、制度转型与经济增长之间的关系。笪凤媛和张卫东（2009）不仅测算了中国交易部门市场交易费用规模及其变化，还测算了非市场交易费用规模与变化趋势，市场交易费用和非市场交易费用都是不断增长的。现有文献大多数沿用 Wallis 和 North 的方法分别测度中国宏观交易费用、市场交易费用、非市场交易费用以及部门交易费用，少数文献从交易效率视角分析交易费用与经济增长之间的内在关联。多数研究结论还是支持交易费用与经济增长之间的正相关性，经典新制度经济学理论制度好坏决定交易费用高低，制度演进是为了降低交易费用，但现实困境是，无论是交易费用的绝对规模还是相对规模，都在不断地增长。

Wallis 和 North（1986）将社会部门划分为交易部门和转换部门（或生产部门），交易部门和转换部门都会产生交易费用，只不过所占比重高低不一致。在对部门重新划分的基础上，将生产函数重新定义，从传统生产函数定义出发，Q 为产出量、投入要素为劳动（L）、资本（K）和技术（T），如式（2-1）所示。

$$Q = F(L, K, T) \tag{2-1}$$

在式（2-1）基础上，Wallis 和 North（1986）重新定义了包含交易费用的生产函数，此时劳动（L）、资本（K）和技术（T）等要素被划分执行交易功能和执行转换功能，并增加中间产品（IG）和制度因素（I），所谓中间产品（IG）就是指企业所购买的用于辅助转换功能和交易功能实现的最终产品，如机器设备、办公用具和交易服务，中间产品种类丰富有助于提升交易效率。交易费用是 L_a、K_a、IG_a 和 T_a，转换费用是 L_f、K_f 和 T_f。其中，f 和 a 分别代表转换和交易功能。这里将技术分为交易技术 T_a 和转换技术 T_f。转换技术 T_f 进步既可以提高转换效率，也可以间接促进交易效率提升，如移动互联网技术极大提升了通信部门信息传递、交换和利用效率，对于通信产业而言是转换技术进步，对其他使用互联网技术部门而言，可以有效降低信息成本、监督成本和运营成本。交易技术 T_a 直接促进交易效率提升。包含交易费用的新生产函数如式（2-2）所示：

$$Q = F(L_f, K_f, T_f, L_a, K_a, T_a, IG_a, I) \tag{2-2}$$

新生产函数满足以下几个假设前提：L_a 增加代表交易部门劳动力投入增加，交易部门劳动力增加，产出增加；K_a 增加代表资本投入增加、产出增加；IG_a 增加表示交易部门分工深化，专业化水平提升；制度变迁通过保护产权、完备法律制度来降低交易费用，增加边际的交易规模。当交易部门和转换部门同比例增加或技术进步水平一致时，产出才会以递增速度增长，两大部门协调一致增长大于单一部门增长。交易部门和转换部门共同决定产出水平，交易部门从专业化视角体现市场分工关联，转换部门从技术视角衡量投入产出关系。产出增长既需要转换部门投入增加，也需要交易部门投入增加。

$$\frac{\partial Q}{\partial I}>0, \quad \frac{\partial^2 Q}{(\partial I)^2}<0, \quad \frac{\partial Q}{\partial T_i}>0, \quad \frac{\partial^2 Q}{(\partial T_i)^2}<0, \quad \frac{\partial^2 Q}{\partial T_i \partial I}>0$$

$$\frac{\partial Q}{\partial IG_a}>0, \quad \frac{\partial Q/\partial IG_f}{\partial T}>0 \qquad\qquad (2\text{-}3)$$

式（2-3）代表无论是转换的技术进步和制度变迁，还是技术进步和制度变迁都可以促进产出增长，但产出增长满足边际报酬递减规律，只有技术和制度共同进步时，产出才会以递增速度增长。中间产品（IG_a）可以用来衡量市场分工范围和专业化水平，当可交易中间品数量增加，转换部门分工水平和专业化水平提高，专业化能够带来分工经济，此时与转换部门匹配的交易部门同样扩张；当专业化分工的经济收益大于专业化分工交易成本时，专业化分工水平进一步提高，市场容量和规模扩张。当分工深化、市场容量扩张导致交易成本增长快于专业化经济收益时，分工规模扩张将会停止。总而言之，当分工的经济收益大于分工的交易成本时，分工继续深化；当分工经济收益小于交易成本时，分工深化停滞。这也被称为分工经济与交易成本"两难冲突"。

式（2-4）代表中间产品数量增加可以促进产量增长，转换技术或交易技术进步以中间产品进步形式提升产出效率。制度因素同样可以促进交易效率提高。

$$\frac{\partial F}{\partial I}>0, \quad \frac{\partial^2 F}{(\partial I)^2}<0 \qquad\qquad (2\text{-}4)$$

I 是衡量制度变迁效率指标，有效制度变迁通过保护产权、完备法律、公正第三方执行，减少交易双方由于外在制度带来的交易费用，增加交易双方对未来的预期，降低交易不确定性，扩大市场交易规模，从而增加产出水平。

二、微观层面交易费用的间接测度

微观交易费用研究对象是某一部门或行业的交易效率。"交易效率"一词最早是由杨小凯（1997）提出的，他对交易效率的技术处理模仿了国际贸易领域的"冰山运输成本"形式，如果购买一单位商品最终只获得 k（0<k<1）单位数量，那么 1-k 部分被称为交易费用，k 被称为该笔交易的交易效率。从杨小凯的定义中可以得出，交易效率与交易费用是方向变化，交易效率上升，单位产品交易费用下降；交易效率下降，单位产品交易费用上升。他还认为影响交易效率的因素既可以是制度性演进引起，也可以是运输条件的改进。他在解释交易效率变化时涵盖了运输成本，这可能是与交易费用的本身内涵不一致之处。

钟富国（2003）利用跨国数据，选取政府制度、通信科技和教育资本三个方面指标比较海峡两岸暨香港的交易效率。这些指标体系考虑影响交易效率重要变量——政府制度的质量。张亚斌和易先忠（2004）认为，企业内部交易效率优势是企业选择跨国并购的动因。赵红军（2005）采用因素分析法直接衡量1997~2002年中国的平均交易效率，并检验交易效率与经济发展的关系。

赵红军等（2006）借鉴钟富国的方法，用制度、基础设施、信息和通信科技代表交易效率的不同层面及其衡量指标，验证了交易效率与工业化、城市化和经济发展之间的关系。他们得出的结论是，政府微观干预在短期内推动工业化、城市化和经济发展，而长期最优选择是要依靠提升市场的交易效率。高帆（2007）构建了一个基于技术型交易费用与制度型交易费用综合交易效率指标。技术型交易费用包含交通交易效率、信息交易效率和教育交易效率；制度型交易效率指标包含市场交易效率、信用交易效率和信贷交易效率。他通过采用2001年80个国家的截面数据来验证交易效率与经济发展之间的关联，其结果是一国综合交易效率指数越高，人均GNP就越高，反之亦反。他还发现中国的综合交易效率水平严重偏低，落后于马来西亚、泰国和乌拉圭等发展中国家，交易技术的道路基础设施和交易制度的市场进入壁垒是交易效率偏低的重要原因。张鹏（2011）分析了市场交易效率与经济增长之间的相关性，选取了交通交易、信息交易、教育交易、市场交易、金融交易和政府行为六个交易效率指标，研究表明交易效率指标与全要素生产率之间存在正相关关系，通过提高交易效率来提升全要素生产率从而促进我国经济增长更加具有实践意义。李萍和马庆（2013）采用随机前沿生产函数的分析方法测算了2004~2011年中国省级层面交易行业的交易效率，整体水平较低，交易效率与经济发展水平呈正相关，东、中、西部地区交易效率差距明显，其中广东省交易效率最高，青海省最低，前者是后者的7.93倍，影响各地区交易效率的因素是政策制度、交通通信和公共教育。马庆（2014）认为交易效率与经济增长呈正相关，经济发展水平对交易效率的影响呈现倒"U"形。

此类研究文献从政策制度、信息通信、交通基础设施和教育水平等众多指标中提取一个能够反映经济体的交易费用或交易效率，为比较不同国家的交易费用的规模提供了一个可行的分析方法，也是一个比较好的参照指标。交易效率指标衡量的不仅包括交易费用，也包括流通费用，两者之间边界难以区分。例如，政策制度可以从根本上影响交易效率，交通、通信基础设施不仅会影响交易费用的多少，同样也是影响生产费用的重要因素，交易费用与生产费用的重合导致难以区分究竟是交易费用的下降还是生产费用的下降。

第二节　微观层面的市场交易费用的测度

关于市场交易费用的测度，现有文献主要采用间接测度法和案例法比较不同制度的交易费用。微观层面交易费用的研究成果主要可以划分为四类：一是测度不同国家创办新企业等所需的时间和货币费用（De Soto，1989；Djankov et al.，2002）；二是测度不同国家完成同一笔中间商品买卖的交易费用（Benham and Benham，1998，2004）；三是测度单个行业的交易费用（Karpoff and Walkling，1955；Stoll and Whaley，1983；Bhardwaj and Brooks，1992；Bhushan and Lowry，1994；Polski，2000）；四是测度具体政策所引致的交易费用（Colby，1990）。

一、不同国家创办新企业所需费用

De Soto（1989）对非市场交易费用进行了开创性研究，对在秘鲁利马和美国佛罗里达开设一家小型纺织品公司的花费时间作对比，在利马需要 289 天完成新企业注册审批程序，而在佛罗里达只需要 2 小时，秘鲁花费时间是美国花费时间的 3000 多倍。Djankov 等（2002）对 85 个国家新办一个企业必须完成的程序、时间和费用进行调查，结果发现，跨国之间的差异很大。例如，在意大利需要 16 道程序、62 个工作日和 3946 美元；在加拿大需要 2 道程序、2 个工作日和 280 美元；在莫桑比克则需要 19 道程序、149 个工作日和 256 美元。

在 Djankov 等（2002）研究的基础上，世界银行营商环境小组开始对全球各国的进入规制进行了详细分析，用来评估一位企业家要开办并正式运营一个工业或商业企业时，官方正式要求或实践中通常要求的所有手续，以及完成这些手续所需的时间和费用。考察本地中小型企业拥有 50 名以下雇员和该经济体 10 倍的人均国民总收入的启动资本。到 2015 年这项调研已经覆盖了世界上的 189 个国家或地区，建立了比较完整的全球进入规制数据库。调查报告显示，进入规制综合排名首尾两端的新西兰和缅甸完成一个新办企业的注册程序（个）、时间（天）、注册资本（占人均国民收入的百分比）和实缴资本下限（占人均国民收入的百分比）分别为 1.0 个、0.5 天、0.3 个百分点、0 个百分点和 11 个、72

天、155.9 个百分点、6190.1 个百分点；经济合作与发展组织高收入国家与经济落后国家，如撒哈拉以南非洲和东亚及太平洋地区的注册程序（个）、时间（天）、注册资本（占人均国民收入的百分比）和实缴资本下限（占人均国民收入的百分比）分别为 4.8 个、9.2 天、3.4 个百分点、8.8 个百分点；7.8 个、27.3 天、56.2 个百分点、95.6 个百分点；7.3 个、34.4 天、27.7 个百分点、256.4 个百分比。调查数据证实了他们的预期，即经济发展水平与规制强度呈反方向变化，经济越发达的国家或地区进入规制越少，经济欠发达的国家或地区则相反，规制普遍存在于经济欠发达国家或地区的各个部门和行业，特别是在一些垄断行业。

二、不同国家完成同一笔中间商品买卖的交易费用

交易费用是指个人通过市场交易获得某件商品的总成本，此时市场交易是通过特定的交易方式获得的，Beham 和 Beham（2004）测算不同国家安装商业电话、转让资产所有权和进口大型挖掘机曲轴花费的时间和货币成本，结果显示，秘鲁进口大型挖掘机曲轴花费的时间是美国的 280 多倍，货币成本是美国的 4 倍；阿根廷花费的时间是美国的 30 倍，货币成本是美国的 2 倍。Djankov 等（2002）研究中间商品的时间成本对贸易额的影响，收集 126 个国家将一个标准集装箱从工厂运上船所花费的时间和程序，研究结果是：运输时间增加 1 天，中间商品贸易额下降 1%。时间成本对发展中国家国际贸易影响更大，特别是难以存放的农产品，时间延长可能会导致部分农产品放弃国际贸易，转而采用国内贸易。

三、测度单个行业的交易费用

国外文献对单个行业的交易费用测度主要集中在证券交易市场，采用估算股票、有价证券的差价直接测度和代理变量的间接测度两种方法。Stoll 和 Whaley（1983）通过直接差价和佣金来计算证券市场交易费用，结果显示，公司规模大小影响交易费用，大型公司的交易费用占到其市场价值的 2% 左右，小型公司的交易费用占到其市场价值的 9%，公司规模越大，交易费用越低。Karpoff（1988）、Bhushan 和 Lowry（1994）构造公司规模、交易额等代理变量间接测度证券市场的交易费用。这些代理变量与交易费用是反方向变化关系。此外，还有学者利用纽约证券市场公司的每日收益率估计了证券市场不同类型

公司的交易费用，研究发现，最大公司的交易费用为 1.2%，最小公司的交易费用为 10.3%。

四、政策诱致型的交易费用

政策引致交易费用是通过测度新政策产生的交易费用。Colby（1990）比较了美国的科罗拉多州、犹他州和新墨西哥州的水资源政策带来的交易费用，主要指标是货币成本和时间成本。这三个州的交易费用分别是 187 美元、66 美元和 54 美元，花费时间是 29 个月、5 个月和 4.3 个月。Hearne 和 Easter（1995）研究了智利的水资源交易费用，发现水资源交易费用占到其价格的 7%~23%。Mc-Cann 和 Easter（1999）测算了环境政策的交易费用，研究发现政策的早期阶段、执行阶段和完成阶段的交易费用构成发生了变化。早期阶段交易费用构成是信息费用，执行阶段交易费用构成是契约制定、修订的费用，完成阶段交易费用主要构成是监督费用。在不同阶段应该采用不同的方法测度，如早期的信息费用应该是通过调查获取。

借鉴 Astley（1983）二维研究框架深度剖析研究层次、阶段、主题和深度。首先构建适合本书研究的分析框架，其次整理各个架构单元中文献，最后归纳各个单元文献内容（见图 2-1）。

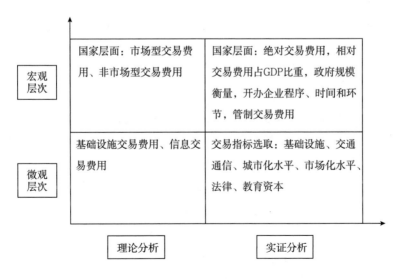

图 2-1　各种类型研究层次、阶段、主题和深度

第三节 交易费用与经济增长

一、交易费用与制度的关联

交易费用内嵌于制度本身，制度好坏决定交易费用高低，好的制度可以降低单位交易费用，提升市场交易效率，提高市场的交易活跃程度，结果是宏观市场交易费用规模扩大；坏的制度结果是增加交易费用，降低市场交易效率，市场交易活跃程度低，宏观市场交易费用规模反而小。可以推论出制度创新结果是"降低局部的交易费用，增加整体的交易费用"，前者是指降低单位交易费用或提高交易效率，后者是指从边际上增加交易数量和规模，导致交易费用实现从无到有的增加。因此，制度决定交易费用大小，但并不是指从交易费用大小来判断制度优劣，也不是必要条件。例如，技术创新带来移动互联网普及运用，传统模式下由于低交易效率抑制的市场交易，依靠移动互联网提升了交易效率，衍生出大量的市场交易，这就是技术创新导致局部交易效率的提高，总量的交易费用提升。从单位交易费用或交易效率考察制度变迁才是需要关注的焦点，交易效率的提高可能是受技术创新、制度创新和组织创新中单一因素或多重因素的交互影响所导致。

North（1981）将政府界定为"第三方强制力"，它的存在能降低交易费用，经济增长离不开政府提供的各项公共服务，如提供产权保护、法律保护等。Williamson（2008）指出，政府是一个在管理某些事务如货币供给、外交、法规等方面拥有较高效率、较低成本的政治组织。Wallis 和 North（1986）明确指出，政府在建立基础设施、提供教育机会、制定法律，以及财产权保护等方面的工作可以大大降低经济体的交易费用，为"经济人"的活动提供良好的经济预期。Shleifer 和 Vishny（2003）、Sachs 和 Warner（1995）、Campos 和 Nugent（1999）等均认为，政府对经济体的干预、变化无常的法规措施、低效的公共服务等都会降低经济体的交易效率。Pant 等（1990）指出，通信科技将会降低有限理性、机会主义、市场不确定性及资产专用性，因而必然会降低交易费用，有利于经济发展。钟富国（2003）采用主因素分析法度量了制度、资信科技、教育等影响交易效率的不同因素与经济发展之间的正向关系，推动了交易费用、交易效率对经济发展的分析和解释力。

二、交易费用与经济增长的正相关性

国外关于交易费用测度结论大部分与 Wallis 和 North（1986）的研究结论一致，认为交易费用的增长与经济增长是同步的，只有 Dagnino-Pastore 和 Farina（1999）对阿根廷测度的结果出现差异：1960~1980 年，阿根廷交易费用从 24.9% 上升到 35.8%，1990 年后基本保持稳定，在这 30 年内阿根廷人均 GDP 几乎停滞不前。根据阿根廷测度结果得出一个有意义的命题：政府通过"坏"的法律可能人为地制造交易费用，在这种状况下，交易费用占 GDP 的比重也会上升，而人均 GDP 可能减少，交易费用上升可能是经济增长反方向变化。Wallis 和 North（1986）从三个方面解释交易费用不断上升的原因：首先，市场规模范围扩张导致传统的人格化交易所占比重开始下降，取而代之的是非人格化交易，这就需要交易双方投入更多成本用于解决交易双方的信息不对称问题，增加了交易费用。其次，交通与通信领域的技术进步，降低了长距离、跨地域贸易成本，单位交易费用（交易效率）下降产生了更多的市场交易，这样也会导致交易费用的增加。最后，分工市场扩张和分工程度的深化对政府治理能力提出了更高的要求，政府治理能力现代化导致运用政治制度重构产权成本下降，这一变化的结果是，各种政治组织孕育而生，政府为大规模市场交易执行提供法律保障和制度支撑，降低了个体的交易费用，但增加了全社会的整体交易费用。

缪仁炳和陈志昂（2002）对我国 1978~2000 年的交易费用测度研究得出的结论是：非交易部门的交易费用占 GDP 的比重从 1978 年的 13.5% 上升到 2000 年的 23.1%，交易部门的交易费用占 GDP 的比重从 1978 年的 28.4% 上升到 2000 年的 43.2%；交易费用与经济增长的相关系数为 0.998，呈高度正相关。金玉国和张伟（2005）测算了 1991~2002 年外在性交易费用，其占 GDP 比重相对稳定，围绕 20.13% 上下波动。卢现祥和李小平（2008）以交易行业和交易服务的增加值来测算中国省一级层面的交易费用，并实证分析了交易费用与经济增长之间正相关的关联。王细芳（2008）测度了 1990~2002 年我国的绝对交易费用、相对交易费用和交易部门的变化趋势。交易部门在不断扩张，绝对交易费用总额不断上升，相对交易费呈下降趋势，从 1990 年的 33 个增加到 2002 年的 42 个。

笪凤媛和张卫东（2009）不仅测算了 1978~2007 年中国交易部门交易费用规模和构成，还间接测度了非市场交易费用的规模和变化。绝对交易费用从 1978 年的 743 亿元增加到 2007 年的 15103 亿元，扩张超过 20 倍，相对交易费用在 2007 年占 GDP 比重为 20.38%。交易费用与经济增长之间只存在较弱的协整关系，经济增长 1%，交易费用增长 0.15%。李宗轩和杨秀萍（2012）测度了辽宁省的相对交易费用，其从 1978 年的 12.75% 上升到 2008 年的 22.40%；第一、第二产业的交易费用所占比例较低，第三产业的交易费用大幅度上升，所占比重较高。可见经济增长可以用交易费用增加来解释，交易费用增加促进经济增长，经济增长却不一定会促进交易费用的增加。

三、交易效率的测算

如果交易费用上升源于上述因素，那么中国市场扩张、技术进步和政府治理能力提升对于交易费用增长的影响强度，或者这些因素中哪一个对交易费用上升会产生至关重要的影响，这些问题在文献中较少涉及，少数文献关注交易效率对经济增长的影响，他们认为交易效率提升可以降低交易费用，但会增加总量交易费用（高帆，2007；杨肃昌等，2012），为什么我们看到的却是在交易效率上升的同时交易费用也在上升呢？答案在于交易效率一方面可以降低经济运行中的每一笔交易费用，即单位交易费用；另一方面可以在存量上增加市场交易，使过去没有发生的交易变成可能，这样一来总量上的交易费用反而会增加。从一个较长时期来看，如果国家经济能够持续增长，那么其交易费用也应该是不断增长的。但交易费用是否会一直随着经济增长而不断上升呢？正如亚当·斯密所说，作为国民财富的源泉，我们必须极大地提高生产和劳动的专业化。为了做到这一点，我们必须进行越来越多的交换活动，而每一个交换过程都需要花费资源来界定交换的内容和条件。因而，希望在社会发展过程中能够出现这样的重要现象：越来越多的资源用于交易活动并构成交易费用，生产效率提升离不开专业化分工，专业化分工会产生越来越多的市场交易，这样就会产生越来越多的交易费用。

第四节　交易费用与营商环境

一、非市场交易费用

科斯定理认为，由于权力具有不可转让性，当事人的互利交换无法自愿达成，政治市场比经济市场更多地被交易费用所困扰。行政审批会给企业带来更多的交易费用，降低社会效率。党的十八大之后，我国政府把行政审批改革作为深化改革的"先手棋"，2013~2015年国务院取消或下放行政审批800多项。但是，世界银行发布的《2019年全球营商环境报告》显示，中国营商便利度在189个主要经济体中名列第71位，分项指标"开办企业"居世界第128位，我国的行政审批仍然复杂、略显低效，制度运行成本仍偏高。因此需要进一步深化"放管服"改革，优化营商环境，提高制度质量，降低交易费用，依靠释放"制度红利"来推进经济增长。

大量跨国经验研究证实了"制度对经济增长至关重要"假说，即拥有完善的法律制度、强力的产权保护，将会获得更好经济表现（Knack and Keefer，1995；Acemoglu et al.，2001；Easterly and Levine，2003；Rigobon et al.，2005；Stroup，2007）。关于制度质量研究，早期文献关注国家制度衍生的不确定性风险对外资企业的投资经营约束，制度质量高低直接影响外商投资行为，并决定一国吸引外商投资水平。后期文献通过构建制度和政策环境的综合评价指标，如法治、贸易开放度、法律渊源及金融部门深化等（Chermak，1992；Acemoglu et al.，2002；Kaufmann et al.，2003），定量研究制度质量对部门、产业和行业的影响，结论表明制度质量不仅影响外商投资水平，还能解释经济发展绩效的跨国差异，多数文献研究结论支持高质量制度国家比低质量制度国家拥有更加出色的经济绩效和更为持续的经济增长。

国内的经验研究同样证实了"制度至关重要"假说是成立的，制度质量的差异是理解地区发展差异的重要线索。例如，徐现祥和李郇（2005）发现基础设施关联制度对区域经济发展有显著的影响。方颖和赵扬（2011）的研究发现，产权保护或市场制度的差异对地区经济绩效具有稳健且显著的影响。部分学者研究结果表明：高质量制度环境下，市场交易中机会主义行为减少，降低了交易不确定性风险，国家能更好地对一国的经济发展进行调控和管理；反之，低质量制度环境下，其制度体系所包含的内容缺乏公信力和执行力，一国经济会出现混乱不堪的局面，国家容易丧失对市场经济交易宏观调控能力（李燕娥，2010；薛有志等，2014；罗煜，2017；李应博和殷存毅，2018）。国内外文献均证实了经济增长中"制度质量至关重要"假说，微观机制是高质量制度降低了企业的交易费用，提高了企业收益率，从而推动经济增长。

二、交易费用与营商环境分析

作为全面深化改革的重要依托，营商环境对企业寻租和市场创新关系的影响遵循转型理论的一般观点。一方面，政府干预力度越强，企业单位创新产出所耗费的资本与劳动越多，生产要素的利用效率越低（周黎安等，2015）；另一方面，优化营商环境有利于降低制度性交易费用，改善企业绩效（许和连和王海成，2018），在促进企业创新的同时或将加剧市场竞争，进一步挤压企业生存空间（王永进和冯笑，2018）。此外，政府作为双重属性的代理人和自利者（赵静等，2013），不仅要合理配置公共资源，而且还要调节市场失灵对创新的影响。营商环境直接影响企业的生产经营活动，而政府过度干预会出现越位和错位，营商环境的相对缺失成为诱导企业和市场不良表现的关键（夏杰长和刘诚，2017）。在实践中，尽管行政审批能够有效规避企业可能给市场带来的潜在危害，但为求一证而涌现的"拜庙门"式的管理体制严重束缚了企业活力，特别是那些时效性短、研发周期长的产品和技术，更需要良好的营商环境作为支撑。实际上，优化营商环境革除的是以往微观管理、直接管理为主的陈旧体制，转向以企业和市场需要为主要内容的宏观管理、监督管理，是消除寻租、激发市场活力的有效杠杆。优化营商环境对企业寻租与市场创新关系的影响体现在：一是简化行政审批，降低新生企业进入市场的门槛，缩短在位企业创新成果的上市周期；二是彻底瓦解企业寻租渠道，节省企业制度性交易费用，这一方面会影响寻租企业创新倾向，另一方面会导致企业资源的重新配置。

此外，还有学者通过构建营商"软环境"指标来识别地区间制度环境差异。此类文献沿用两条思路：一是直接采用国家化、标准化跨国指标替代营商"软环境"的指标体系。例如，美国 PRS 集团编制的国际风险指标（International Country Risk Guide，ICRG）、透明国际发布的腐败感知指数（Corruption Perception Index，CPI)、美国商业环境风险情报公司提供的《商业风险服务》(Business Risk Service，BRS)、考夫曼全球治理指标体系 (Worldwide Governance Indicators，WGI)，这些指标直接反映跨国营商"软环境"优劣。二是根据世界银行等机构提供的跨国营商环境报告，重新构造营商"软环境"的评价指标 (Acemoglu et al.，2002；Kaufmann et al.，2003)。国内关于营商"软环境"指数文献，多数沿用国外文献研究思路和研究方法，如《中国城市营商环境研究报告》和《世界城市营商环境评价报告》，实证结果与国外文献结论相一致，即经济发达地区市场"软环境"明显优于经济欠发达地区，经济发展指标与市场"软环境"呈正相关关系。两种不同营商"软环境"指标目的都是验证制度质量决定营商"软环境"，并影响经济增长。

第五节　本章小结

梳理国内外的学者关于交易费用测度、经济增长与交易费用之间的关联文献，可以概括理论分析和实证分析两个方面：理论视角文献认为制度演化方向是降低交易费用，这里制度被设定为一个宽泛的定义，包含正式与非正式的制度，是一种社会"游戏规则"，这些规则是对人类行为的强加限制。代表观点有：制度是经济增长的决定因素，制度演化方向是好的制度替代坏的制度，好的制度的一个重要功能是降低交易费用，为市场交易的规模扩张创造条件，从而推动经济增长。制度应该包含市场制度和非市场制度，当二者之间相互融合、互为补充时，市场交易费用和非市场交易费用总和最小，制度绩效作用发挥最大（张定胜和杨小凯，2000)。信用制度为市场交易提供保障，契约制度为执行合约提供保障，政府规制为规范政府行为提供依据，每一种制度都对应一种特定制度。可以说这种分类方法非常直观和简单。

在实证研究上，国内很多回归分析都证明，国内学者关注焦点是市场交易费用、非市场交易费用、外在交易费用、绝对交易费用和相对交易费用，通过测算这些指标来论证交易费用与经济增长之间的关联。大多数结论支持交易费用与经济增长之间的正相关性。当然也有文献认为交易费用与经济增长之间并不存在明确的关联，交易费用占 GDP 比重相对稳定。但从单位交易费用定量分析的结论来看，得出结论大致相同，国内交易效率演进方向是从低效向高效转变，具体指标是通信交易效率、交通交易效率和交易中介效率，这些指标研究结论支持交易效率上升，单位交易费用不断下降，但整体来看总量交易费用还是存在上升趋势。

早期的理论研究为后续的实证研究奠定了基础，后期实证研究关注交易费用与经济增长之间关联性、降低交易费用的政策建议。宏观领域的实证研究主要集中在论证交易费用与经济增长之间的关联上，微观实证分析的出发点不仅局限于窥探经济增长与交易费用之间的关联，而且在默认绝对交易费用和相对交易费用增长这个假设前提下，论证如何降低微观领域交易费用（如市场交易费用、行业和部门内部交易费用）并且提出了一些具备操作性的政策建议。

第三章　交易费用测度的分析框架

第一节　专业化分工与交易费用

亚当·斯密（1776）认为分工起源于交易，"分工是人类互通有无的交易倾向所造成的必然结果"。分工与交易密不可分，分工的好处是产出专业化经济，但专业化生产需要互通有无的交易，这样交易又会产生交易费用，交易费用大小将会决定分工水平和分工范围。本章拟基于新兴古典经济学分析框架（杨小凯等，1999）来构建专业化、交易费用和经济增长的理论模型。

专业化分工具有重要的经济意义，那么在发达现代社会，分工范围和市场容量并不总是朝规模化方向演进，局部分工、自给自足的现象依然存在。这是因为分工自身也会产生成本，生产分工最终是为了市场交易，交易必然产生交易费用。分工的经济收益与市场的交易费用之间的冲突是阻碍分工进一步深化的根源。交易费用被认为"使用市场价格机制的成本"（Coase，1937），或是"交换所有权的成本"（德姆塞茨，1999），再或是"订立和执行作为交易基础的合同成本"（诺斯，2014）等。张五常（1999）认为只有鲁滨逊·克罗索经济不存在交易费用，因为所有产品消费是自给自足，没有交换。既然交易费用会影响专业化分工的广度和深度，有必要解释交易费用与专业化分工内在逻辑关联，分析交易费用与专业化分工的演变趋势。本章将借用新兴古典经济学分析框架，以自给自足、局部分工、专业化分工三种典型模式为出发点，阐述交易费用与专业化分工之间关联及对其长期影响。

一、专业化分工与交易费用

基于新兴古典经济学分析框架构建交易费用与经济增长的分析框架，分析框架对于理论研究有着关键和深远的影响，有必要予以说明它的合理性和可行性。新古典分析框架不能内生个人的专业化水平，因此分工网络的大小、人与人之间的依存度和交易费用的一般均衡不能被完全揭示。但在消费者—生产者的新兴古典框架中，专业化经济、交易费用被内生化在模型中。新兴古典理论下，考虑市场分工的交易费用前提下市场专业化水平均衡点，即专业化经济边际收益等于协调市场交易的边际成本。可以通过用图形来刻画从自给自足向专业化分工演进过程，假设两个地区 A、B，生产两种产品 x、y。初始状态下，专业化水平低，交易效率偏低，交易费用高，即"两低一高"；经济发展中期是中等专业化水平，交易效率提升，交易费用低，后期"两高一低"是专业水平高，交易效率高，交易费用高。交易费用与交易专业化水平之间内在关联如图3-1所示。

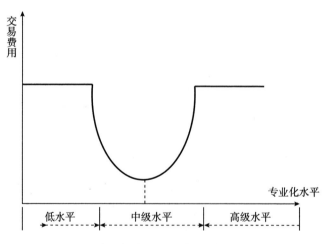

图3-1　专业化分工水平对交易费用的影响

具体来讲，假设初始状态下专业化分工处于一个低水平状态，专业化分工经济的收益较低，由于搜寻合适的交易对象同样困难，交易费用比较高，专业化分工经济收益小于交易费用，地区间没有发生贸易往来，生产处于自给自足状态，地区间产业结构没有差异，地区间专业化指数为0。当专业化水平不断提升，专业化分工经济收益大于交易费用，则这两个地区可以通过分工获得专业化收益并逐渐获得专业化 x 或 y，并通过"干中学"和知识、技能积累强化专业分工。地区 A 逐渐专业化生产 x，地区 B 专业化生产 y，两个地区专业化水平提升，同时两个地区通过贸易来获得本地区不生产商品。当专业化水平从中级水平向高级水平演化，交易费用开始上升，原因是分工深化带来交易复杂程度上升，需要更多成本用于搜寻、识别和判断。一方面，分工深化、细化带来更多的专业化收益；另一方面，分工深化、细化导致交易环节增加，交易复杂程度上升，交易费用上升，这也被称为"分工经济的两难"（见图 3-2）。

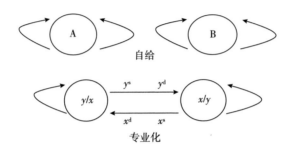

图3-2　自给自足和专业化分工

二、交易费用与专业化的模型

为了进行比较，以自给自足、零交易费用模式为参照点，比较不同模式下的交易费用对专业化分工的影响。假定消费者—生产者集合的初始规模非常大，单个消费者效用函数如下：

$$U = (x + kx^d)(y + ky^d) \tag{3-1}$$

其中，x 和 y 分别为消费品自给自足数量，x^d 和 y^d 分别为两种产品需求数量，k 为外生的交易效率系数。k 取决于基础设施条件、信息技术水平、教育医疗水平和一般性的制度环境等综合交易条件，每个消费者—生产者的市场函数和禀赋约束如下：

$$x + x^s = l_x^a \quad y + y^s = l_y^a \quad (a > 1)$$
$$l_x + l_y = 1 \tag{3-2}$$

其中，x^s 和 y^s 分别为两种产品的供给数量，$l_{x_i} l_y$ 是单个生产者生产产品 i 的劳动份额，可以用来代表在生产产品 i 的专业化水平，p_x 和 p_y 为商品 x 和商品 y

的价格，满足下面预算约束：

$$p_x x^s + p_y y^s = p_x x^d + p_y y^d$$

$$x、x^s、x^d、y、y^s、y^d、l_x、l_y \geq 0 \qquad (3\text{-}3)$$

模式1：自给自足。

$$\max_{x,y,l_x,l_y} U = xy \qquad (3\text{-}4)$$

$$\text{s. t. } x^p = x = l_x^a \qquad (3\text{-}5)$$

$$y^p = y = l_y^a \qquad (3\text{-}6)$$

$$l_x + l_y = 1 \qquad (3\text{-}7)$$

最优求解，可得 $x = y = 0.5 \ l_x = l_y = 0.5 \ U_A = \left(\dfrac{1}{4}\right)^a$

在自给自足模式下，不存在交易，交易费用为零，个人自给自足两种产品、消费两种产品，当每种产品投入一半劳动时，效用水平达到最大。

模式2：专业化分工 x。

在考虑交易费用后生产函数，x、y 分别为自给自足数量，x^d、y^d 分别为市场购买量。生产函数：专业化生产。x^s、y^s 为销售数量，l_x、l_y 为劳动投入，a 为专业化程度且 $a>1$。交易费用通过引入冰山交易费用，交易效率外生变量，k 为交易效率系数且 $k \in (0,1)$，意味着每种产品购买量的 $1-k$ 部分在交易过程中因交易费用而损耗，实际得到的是 kx^d、ky^d。

$$\max_{x,x^s,x^d} U = (x+kx^d)(y+ky^d) \qquad (3\text{-}8)$$

$$x^p = x+x^s = l_x^a \qquad (3\text{-}9)$$

$$y^p = y+y^s = l_y^a \qquad (3\text{-}10)$$

$$a>1$$

约束条件：$l_x + l_y = 1$，$x、x^s、x^d、y、y^s、y^d、l_x、l_y \geq 0$

市场出清：$p_x(x^s - x^d) + p_y(y^s - y^d) = 0$

新兴古典分析框架认为采取专业化分工模式，专业化生产 x、y，通过市场进行交换，专业化生产的两种模式：部分选择专业化生产 x，交换 y；部分选择专业化生产 y，交换 x。

$$\max_{x,x^s,x^d} U = xky^d \qquad (3\text{-}11)$$

$$\text{s. t: } x+x^s = l_x^a \quad l_x = 1$$

$$p_x x^s = p_y y^d \qquad (3\text{-}12)$$

$$\max_{x^s} U = (1-x^s) k \frac{p_x x^s}{p_y} \qquad (3\text{-}13)$$

解：$x^s = 0.5$　　$y^d = \dfrac{p_x}{2p_y}$　　$u_x = k\dfrac{p_x}{4p_y}$

专业化生产 y，交换 x。

$$\max_{y,y^s,y^d} U = ykx^d \qquad (3\text{-}14)$$

s. t.：$y + y^s = l_y^a$　　$l_y = 1$ $\qquad (3\text{-}15)$

$$p_y y^s = p_x x^d \qquad (3\text{-}16)$$

$$\max_{y^s} U = (1-y^s) k \frac{p_y y^s}{p_x} \qquad (3\text{-}17)$$

解 $y^s = 0.5$　　$x^d = \dfrac{p_x}{2p_y}$　　$u_y = k\dfrac{p_y}{4p_x}$

专业化不同模式比较如表 3-1 所示。

表 3-1　专业化三种模式比较

模式	需求	供给	自给数量	专业化水平	效用函数
自给自足	0	0	$x = y = 0.5$	$l_x = l_y = 0.5$	$u_A = (1/4)^a$
专业化 x	$y^d = p_x/2p_y$	$x^s = 0.5$	$x = 0.5$	$l_x = 1,\ l_y = 0$	$u_x = kp_x/4p_y$
专业化 y	$x^d = p_y/2p_x$	$y^s = 0.5$	$y = 0.5$	$l_x = 0,\ l_y = 1$	$u_y = kp_y/4p_x$

因此有：$u_x > u_A$ 且 $u_x \geq u_y$，当且仅当 $\dfrac{p_x}{p_y} \geq \left(\dfrac{1}{4}\right)^{a-1}$，且 $\dfrac{p_x}{p_y} \geq 1$，专业化 x/y 模式将会被选择；当 $u_y > u_A$ 且 $u_y \geq u_x$，当且仅当 $\dfrac{p_x}{p_y} \geq \left(\dfrac{1}{4}\right)^{a-1}$，且 $\dfrac{p_x}{p_y} \geq 1$，专业化 y/x 模式将会被选择；上述两个条件同时成立，只有当 $k > k_0 = \left(\dfrac{1}{4}\right)^{a-1}$，且 $\dfrac{p_x}{p_y} = 1$。自给自足模式的满足条件为：$u_x < u_A$ 且 $u_y < u_A$，$k < k_0 = \left(\dfrac{1}{4}\right)^{a-1}$，$\left(\dfrac{1}{4}\right)^{1-a} \leq \dfrac{p_x}{p_y} \leq \left(\dfrac{1}{4}\right)^{1-a}$ 意味着不存在一个能产生使这两种专业化分工的效用高于自给自足的效用。概括来说，如果交易效率系数小于临界值 $k < k_0 = \left(\dfrac{1}{4}\right)^{1-a}$，则选择自给自足，

只有 $k>k_0$ 时，专业化分工才会出现。具体见图 3-3，把参数 k 和 a 设置在一个平面，设 $0 \leq k \leq 1$，$a \geq 1$，则可行的参数空间位于水平线 $k=1$ 以下，水平线 $k=0$，直线 $a=1$ 的右边，包括边界在内，曲线 $k=\left(\dfrac{1}{4}\right)^{1-a}$ 把可行的参数空间划分为两个子空间：一个位于曲线上面，另一个位于曲线下面。如果参数值位于第一个子空间，则专业化分工是均衡点；如果参数值位于第二个子空间，则自给自足是均衡点。

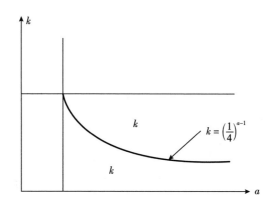

图 3-3　参数空间划分

根据新兴古典经济学分析框架，可以认为专业化分工是经济增长的源泉，专业化分工推动生产效率提升，但专业化分工产生交易费用，交易费用制约分工的广化和深化，交易费用可以分为内生交易费用和外生交易费用，在人们交易决策之前已经知道是外生交易费用，在做出决策后才能看到其大小的是内生交易费用，分工经济与交易费用之间的两难冲突是分工演进的微观基础，如果专业化经济比专业化不经济增长更快，分工经济或交易效率的提高都可以促进分工演进，推动经济增长，如果专业化不经济比专业化经济增长更快，分工演进将会停止。

第二节　制度变迁与交易费用

制度变迁的方式多种多样，如果对制度变迁规模进行分类，可分为单项制度变迁和整体制度变迁；从制度变迁的速度来看，可分为渐进式变迁和激进式变迁；如果根据主体来分类，又可分为强制性制度变迁和诱致性制度变迁。制度变迁对交易费用影响可以单项制度影响和整体制度影响。总体来看，制度变迁既可以增加交易费用，也可以降低交易费用。

在进行制度变迁与交易费用关系研究之前，需要注意的是前文提及的交易费用是指单位交易费用，即每进行一单位交易 K，本书最终获得 M 单位的产品，那么 K-M 即为单位交易费用。因为即使能够增加资源流动效率的制度规范，当经济总量上升时，所增加的总的交易费用很可能会抵消掉每一单位中所减少的交易费用的总和，最终导致总体交易费用不减反增，这是现有文献研究中忽略的一个概念。这里所提及的制度变迁是指那些非正式制度和正式制度的集合，如道德与习俗、正式法律与商业规则、宪法与政治组织规则、经济政策与政府管理规则等，制度变迁本身就包含交易费用，下面分析不考虑制度变迁本身所包含的交易费用，仅讨论影响制度变迁的成本。

一、制度变迁降低交易费用

制度的功能在于经济活动的一方进行经济活动后便能够清楚地预期其他人的反应，这就极大减少了交易不确定性所带来的成本，如生产环境中不确定性发生次数越少，日复一日便会形成合理的、规范的、模式化的生产过程，这要比用大脑去反映经济活动更容易操作。制度变迁的原始动力正是降低经济活动中获取他人行动耗费的多余信息成本，以及预见他人利益最大化的行为，防止经济活动双方参与者"机会主义"行为的发生（见图 3-4）。

图 3-4　制度变迁降低交易费用

诺斯（2014）在《制度、制度变迁和经济效益》中提出正式制度的变迁往往是从非正式制度的边界演变开始的。这里可以理解为即使正式规则也会有变通的余地，在"余地"里正式的规则能否被执行，取决于执行规则的成本，成本越大，这块"余地"就越大，制度越不起作用，不确定性越大。因此，诺斯提出正式制度的变迁发生在制度边际的不断演变上。

Williamson（2008）将制度变迁的根本动力归因于"机会成本"，防止机会主义者破坏规则所做的努力。结合诺斯的"制度边际"理论，"看不见的手"使机会主义者追求自身利益最大化，以最小的成本获取最大利益，信息成本此时显得尤为重要，机会主义者的存在使经济活动信息成本大于零，由此引发经济活动的"风险"，交易费用也由此增加。在这里需要注意的是，信息成本是制度变迁存在的一个必要条件，本书引用熊彼特"周而复始的经济"理论，信息存在相对的透明，每个人难以从他人那里获取利润，周而复始，所有的规则都成为了习惯，习惯不存在交易费用，利润为零导致制度中没有了创新，也就没有了制度的变迁。制度变迁是以减少制度的"余地"降低经济活动中的不确定性，以及增加机会主义的成本，降低信息成本，以达到降低交易费用的目标。

二、制度变迁增加交易费用

短期来看，无论是单项制度还是整体制度、激进式制度变迁还是渐进式制度变迁、诱致性制度变迁还是强制性制度变迁，都是把已经形成的靠生物的神经反应去进行一项活动再次转变为靠大脑做出反应以进行活动，换句话说，由于新规则的诞生，导致原有的习惯已经不能适应新规则，集体的知识存在明显差异，活动存在"不确定性"，正是这种不确定性导致信息成本的增加，短暂地增加了交易费用，这里可以将制度物化为专业化的知识载体，经济活动者越是了解这些知识，越能够协调与他人活动的分工，当发生制度变迁后，原本已经熟悉的规则需要再次培养以获得新的知识，在这一时期，学习新的知识使交易费用增加。但是制度的变迁是为了减少经济活动中的不确定性，因此从长期来看是降低了交易费用，那么假设制度的变迁没有很好地降低经济活动的不确定性，反而增加了风险带来的交易费用，这就引出制度变迁导致交易费用增加的途径：制度变迁的结果，可能是重生，也可能是毁灭（见图3-5）。

诺斯（2004）认为，政治规则通常决定着经济规则。假设新制度无法提高效率，从长期来看，由于制度变迁具有一定的滞后性，并不能在短期内就显出制度改进的绩效，当政策制定者或制度的执行者意识到新的制度阻碍了资源的正常流动，社会长期存在于低效率经济制度中，交易费用会大幅度增加。制度变迁增加交易费用的另一条途径是制度变迁优于经济基础。新制度学派观点普遍认为制度

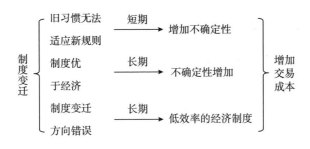

图3-5 制度变迁增加交易费用

变迁只能从原有的"余地"向外推，假设考虑突破性的改革，会产生更多的"余地"，经济主体按照原有的习惯做事，没有足够的知识积累，结果导致"不确定性"发生的次数大幅度增加，道德风险事件难以解决，交易费用上升。就如评判计划经济与市场经济孰优孰劣，究竟哪一种更先进？当把企业推向市场，面对大量的不确定性事件时，究竟哪一种体制能更好地服务企业？借鉴科奈尔的"双重依赖"理论，将计划经济作为市场经济的补充，计划经济能够集中力量办大事，市场经济则由经济主体追求利润最大化，带动经济发展，无非比较先进与优劣。

第三节 技术进步与交易费用

近年来，技术进步降低了市场交易费用和非市场交易费用，互联网技术进步和迅速普及，市场交易范围大大拓展，突破了时间和空间限制，改变了交易方式、交易模式和交易渠道（陈萱，2007）。Pant等（1990）认为，信息技术的建立使信息的传递更为迅速，信息技术进步降低了交易双方的有限理性、降低机会主义行为和市场不确定性，如通信技术进步降低了信息收集费用、交易过程监督费用和事后监督费用等交易费用。信息技术降低流通费用，允许在相同时间内有更多信息流通，或在固定时间内有相同的信息流通。Hendriks（1999）认为，信息通信技术可以消除传统市场上受到时间和空间限制、提供大量信息的渠道、改进交通流程、确认信息所有者和需求者的交易需求四种功能。技术进步对交易费用影响是双向的，既可以降低交易费用，也可以提高交易费用。

一、技术进步降低交易费用

技术进步可以产生新方法、新手段、新工艺等有效技术替代原有技术，从而提高交易效率，使交易费用降低，如互联网交易拓展传统交易范围，交易时间和空间突破原有限制，非人格化交易替代人格化交易。Deepak（2010）认为信息技术革命可以降低交易费用，但却增加了用于交易过程监督和事后执行的交易费用。原因是：第一，由于互联网技术普及，人力资本可以像金融资本一样越来越具有流动性。第二，由于信息技术进步拓展了市场交易范围，非人格化"匿名"的交易量迅速上升，用于监督的交易费用将会极大上升。技术进步和信息革命无法消除交易费用这个"噪声"，即交易费用伴随市场交易，交易费用可以下降或上升，但无法消除。

Williamson（2008）认为通信技术提升信息传递效率，降低交易者的有限理性、机会主义行为和交易不确定性，但交易频率上升又增加交易费用。Hendriks（1999）认为信息通过技术可以消除受到空间和时间范围限制，提供信息获取渠道，改造交易流程、提升交易匹配程度，从而降低单位交易费用。Malone 等（1987）认为市场交易费用导致网络市场替代传统交易市场，也有学者认为非市场交易费用可以通过信息技术来降低，导致网络交易市场形成和推广。

二、技术进步提高交易费用

技术可以提高交易效率，从而降低交易费用，但技术进步扩大交易市场的规模和范围，增加市场交易次数和频率。第一，交易范围和广度的扩张。技术进步可以拓宽交易的对象，例如，新型运输工具出现节约交易时间，让交易距离、交易半径不断扩张。第二，交易方式和模式的创新。新技术可以提高低交易费用的交易模式，例如，互联网交易解决许多在传统"面对面"模式下无法实现的交易，交易模式出现变化，线上交易逐步替代线下交易，这也是技术进步带来的边际交易次数或频率增加带来的交易费用上升。第三，分工演进带来交易费用上升。技术进步产生新部门、新行业，促进分工领域的深化和细化，增加边际交易数量，这些新交易可能是在原来分工模式下不存在的，交易增加导致交易费用上升。从某种意义而言，这些由于技术进步带来的交易费用增加是社会分工演进的一个重要表现。

当然，对于新交易模式，技术进步可能更加复杂，技术进步衍生的新交易模式可能比传统交易模式更复杂，交易不确定性也会上升，用于契约签订、监督交易费用同样上升。如互联网提升信息传递速度和传播范围，节约信息搜寻成本，但海量信息的传递同样会增加信息识别成本。金融衍生产品属于金融创新，但监管新金融衍生产品花费监督成本可能远远大于传统金融交易。

第四节　政府行为与交易费用

新古典经济学认为，政府在市场经济中充当"守夜人"角色。政府通过法律、规章制度等正式规则来对市场交易施加影响，如提供产权保护、保证交易执行、惩罚违约者等来影响交易对象预期行为。在新古典经济学来看，交易费用是外生变量，交易双方是在交易前可以观察和预测的费用。对于发达国家而言，制度体系较为完备，市场运行秩序规范、成熟，政府对于市场交易主体之间影响非常有限，交易费用是有限的。但对于发展中国家而言，正式制度体系建设相对滞后，大量的非正式制度存在，除了市场型交易费用，还有大量非市场型交易费用。在正式制度体系不完善的前提下，政府行为将会影响市场型交易费用和非市场型交易费用。

一、新制度经济学中政府的职能

国家作为一种具有垄断权的制度安排，最重要的任务是建立一套高效、合理的游戏规则，并付诸实施，以鼓励全民充满活力的加入到经济活动中来。一国正式制度是由国家供给，非正式制度是社会演化而来。国家制度供给的三个主要原则：

第一，制度供给的性质。制度供给的性质是决定一个国家的发展方向，一般分为生产性制度与非生产性制度，生产性制度有利于经济增长、社会财富积累和人们生活水平提升。非生产性制度阻碍经济增长步伐，不利于社会财富积累，还会耗费社会资源。诺斯认为，国家提供不同性质制度的原因在于利益集团对制度性质偏好不同，生产性制度可能会促进整个社会经济发展，但会以牺牲一部分人的利益为代价，非生产性制度可能不利于经济发展，但可以让少数人财富迅速积累。

第二，制度供给的数量。制度供给数量是指政府供给有效制度，满足不同经济主体对制度的需求。按照诺斯的定义，正式制度依赖国家供给，国家需要根据经济发展、技术进步和社会变迁等因素来及时供给制度，制度供给应该与制度需求相匹配。当制度供给等于制度需求时，制度供给达到均衡状态，实现制度供给最理想情况；当制度供给小于制度需求时，制度供给不足。现实中由于国家或政府认知能力有限、制度供给成本高昂等因素会导致制度供给滞后制度需求，国家对社会治理能力不足。当制度供给过剩时，在管制严格、信息不对称、多层级的政府管理模式下，制度供给常大于制度需求，尤其是政府主导型的制度变迁模式，政府供给制度往往大于市场制度需求。无论是制度供给不足还是供给过剩都会增加社会交易费用。

第三，制度供给的效率。制度供给效率与制度性质相关。在人类历史演化进程中，并不总是最有效的制度替代无效制度，低效率制度逆向淘汰高效率制度时常出现。诺斯认为原因是，一是效率制度与公平制度的目标不一致。许多制度供给的并不是以效率最大化为目标，而是把社会公平作为制度供给的依据，公平制度可能与效率不兼容，甚至以损失效率为代价。二是路径依赖导致制度转换成本太高。路径依赖理论认为制度的变迁往往是连续的，存在报酬递增和自我强化的机制，即使初始制度是低效的也不会被高效替代。三是受制于认知局限和有限理性。国家在制度选择过程中难以准确评判不同制度的优劣，制度完善也是一个不断试错修正过程。第四，利益集团之间的政治博弈。国家内部不同利益集团对不同制度存在异质偏好，当某一利益集团获得政治优势时，可能选择最大化自身集团的利益制度。

二、政府与交易费用

新制度经济学认为，政府作为一种组织模式，从契约视角来看，在国家中扮演角色与厂商相似，都是为了降低契约执行的交易费用，从而使市场交换活动顺利进行。North（1981）将政府定位为"强制力的第三方实施者"执行者，保证社会非人格化交易行为的执行。Wallis 和 North（1986）指出，政府在降低交易费用中承担的重要功能，例如，提高组织机构运行效率、改善交通运输等基础设施、制度法律规章制度、财产权利的保护、提供公平的教育医疗服务等。North（1981）通过分析历史上几次严重经济危机发现，即使对于经济较为落后的国家，政府提供"第三方的强制力"保障也可以降低契约执行成本。他认为政府在促进经济增长中扮演着重要角色，政府公共服务的供给直接关系到社会交易费用高低，当政府不履行承担公共服务职能时，交易费用将会非常高，直接影响社会分工和市场交易。Williamson（2008）也认为政府在公共物品供给中具有低成本和高效率的特征，如货币供给管理、法律法规制定、国防外交等，这些领域难以依靠市场或私人供给。那么，政府通过何种途径来降低交易费用？

（一）市场交易费用的降低

新制度经济学理论认为，政府用来保障正式制度执行、监督市场运作和保障市场秩序。市场运行效率与政府的组织规模和组织效率密切相关。政府规制是体现一个政府的威权得以运用的一系列传统制度，具体包括监督能力、政策执行能力。已有研究表明，政府组织效率决定政府规制的效率，政府规制效率决定市场交易费用和非市场交易费用。Oslon（1996）认为，一国经济增长不仅取决于经济体资源状况、要素丰富程度，也取决于一国经济政策、法律体系、政治结构完善程度。Sachs 和 Warner（1995）也强调在缺乏自由贸易、安全财产法律制度等低效率制度的国家，无论其具备的生产函数形式或起始的人力资本如何优越，都很难收敛于高收入的发达国家水平。Easterlin（2000）认为，稳定的政治环境、安全的财产保护制度、公平公正的司法体系、社会契约的执行力度和教育的普及程度才是现代经济增长的关键。Campos 和 Nugent（1999）认为，高效率政府有五个特征：全面参与公共事务的全民社会、公开透明的政策制定程序、适应经济发展需要的且能够合理遵守的司法制度、高度负责任的政府执行机构、高素质的行政队伍，这五个特征形成互补性，必须同时满足才能达到良好表现，共同提高经济体运行效率。

衡量政府管制效率是多维度的。政府官员素质影响因素包含：选聘机制、晋升机制、激励机制等方面；司法制度包含私人部门对司法体系尊重和结构程度，司法部门的公平、公开、公正的执行法律制度等方面。政府管理效率对经济增长的影响主要体现动态连续性，政府管制效率对经济增长影响随着时间推移而变化，政府效率的提高将提升交易效率和经济绩效，政府效率的下降将会降低交易效率，经济衰退也将出现。Campos 和 Nugent（1999）认为，高效率政府对部分经济指标有显著影响，政府官员的素质直接影响人均收入水平；负责任的政府机构对降低文盲率有较大的促进作用。

目前，国内外文献对政府管制效率是跨国样本比较分析，多数文献是结果比较分析，对比不同国家经济发展绩效背后的制度因素，少有文献分析为什么一部分国家政府规制效率高于另一部分国家，即高效率政府规制的产生原因。制度形成的原因可能比制度影响路径更值得关注，由于各个国家制度演化路径千差万别，正式制度演化背后受到文化、风俗、习惯等非正式制度影响，正式制度演化与非正式制度演化具有内在匹配关联。"东亚奇迹"的背后制度性原因都是国家管制推进经济腾飞，严格的政府管制对于经济增长不可或缺，缺乏一个强大政府，"东亚奇迹"将很难实现（见图3-6）。

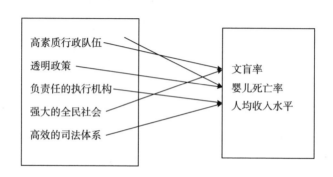

图3-6　政府管制与经济绩效的关系

（二）非市场交易费用的降低

除了高效的政府管制能降低市场交易费用，政府管制还可以降低非市场交易费用，例如，通过产权保护降低非市场交易费用。产权制度是指授予个人特定的权利，产权所有者可以在合法的范围内，采用任何方式来处置特定物品。非市场交易费用的发生往往与政府的法律制度、政府行为相关，如政府规制可以限制企业自由进入或退出市场，对劳动力市场限制排除部分企业进入部分就业市场，非市场交易费用比市场交易费用分布更广泛、更隐蔽，更能体现制度环境差异。

De Soto（1989）提出非市场交易费用研究范式的贡献，提出可以采用具体时间和动作研究方法来测度非市场交易费用。他发现，同样一笔市场交易——开办企业，在不同国家花费的时间和货币成本差异巨大，秘鲁时间成本是美国的1000倍、货币成本是美国的600倍。这些非市场交易费用衡量市场交易的活跃程度和效率，当非市场交易费用极高时，部分市场交易将会退出市场，或被地下交易、黑市交易替代。世界银行跨国投资小组量化比较在不同国家制度背景下，开办企业花费时间、程序、注册资本和规制，如开办企业审批时间、审批环节、中介投入、交通和电力限制。《全球营商环境报告 2011》表明，经济发达国家或地区政府规制相对较弱，经济落后国家或地区政府规制较强。2010 年新西兰和几内亚两个国家共同完成一个新办企业的注册程序、所花时间和注册资本分别为 1 个、1 个、0.4 个和 17 个、216 个、183.3 个百分点，世界银行调查结果证明非市场交易费用的差异远大于市场交易费用的差异，这为不同国家或地区非市场交易费用提供了一个可比性的参照系。

非市场交易费用的经济效应包括对新企业的非正规经济、劳动生产率、就业、产生影响，大多数研究支持非市场交易对经济增长的逆向效应，如政府规制阻碍创办新企业，尤其是门槛较高的资源密集型行业，政府规制导致市场对中小企业产生歧视性。非市场交易费用将产生诸多弊端，放松政府规制是政府改革的唯一出路，事实上结果也证实了放松规制的正面效应，如注册企业数目增加、就业岗位增加、私人投资活跃等。

第五节　本章小结

市场规模决定分工，分工也决定市场规模，专业化分工产生市场交易，交易费用影响分工的规模和范围，这也被称为分工经济与交易费用的两难冲突。20 世纪 90 年代，以杨小凯为代表的新兴古典学派认为，分工扩展会带来收益递增现象，专业化生产的效率提升推动生产规模的放大，但是分工扩展又会导致交易费用上升，随着分工的深化，交易费用上升将会阻碍分工进一步深化，因而只有降低交易费用才能深化分工。分工经济使交易依赖性增加，同时由于分工演进，产品的生产链延长，生产迂回程度提升，越来越细的分工环节导致知识交流与沟通变得相对困难，分工提升生产效率使知识产生分裂，交易之间信息不对称加剧，从而导致交易费用上升。

制度、政府和技术被认为是影响交易费用的主要因素，政府存在通过提供制度、政策和法律保护等公共服务，降低个体的市场交易费用，但政府规制同样会导致交易费用上升，产生非市场交易费用。对于政府而言，提高行政效率、建立公平公正司法制度等方面的改革将会降低交易费用，提升市场交易效率。制度对交易影响都具有双重性，好的制度可以降低交易费用，坏的制度也可认为制造交易费用。技术进步降低交易不对称，对交易费用影响体现技术进步节约单笔交易费用，提升交易效率，但是交易频率、交易范围和交易规模可能会上升，宏观意义上的交易费用不断增长。技术进步促进交易效率的提升，但增加了交易规模和数量，结果很可能是整体的交易费用上升。

第四章　中国交易部门的划分及交易费用的测算

第一节　交易部门与非交易部门

交易费用通常被认为是利用价格机制的成本，或经济制度运行的费用。正是由于市场运行过程中存在交易费用，而不是新古典经济学假设的交易费用为零，新制度经济学才有别于新古典经济学，其分析也更加贴近现实。交易费用分析方法已经被运用于经济学各个分支，在管理学领域也得到了广泛运用。但在现实运用过程中，大多数学者对交易费用是"引得多，用得少"。交易费用的运用难点在交易费用到底是什么？交易费用怎么来测度？对这两个问题的争论形成了新制度经济学的多个分支，一些学者也做出了很多尝试，得出不少有意义的结论，但由于交易费用本身缺乏一致认可的标准化定义，那么如何准确度量交易费用，目前学术界对交易费用认识失之偏颇，源于交易部门划分不统一，且交易费用测度方法各不相同，这些直接影响了测度结果的准确性。

借鉴 Wallis 和 North（1986）的交易部门和转换部门的划分原则，依据现行的国民经济行业分类标准（GB/T4754-2011），对我国所有门类的行业进行了重新划分，即将经济体中交易部门分为私人交易部门和公共交易部门。其中，私人交易部门包括金融业、保险业、房地产业、批发和零售业、租赁和商务服务业；转换部门包括农、林、牧、渔业，采矿业，制造业，电力、热力、燃气及水的生产和供应业，建筑业，交通运输、仓储业，信息传输、计算机服务和软件业，住宿和餐饮业，居民服务业和其他服务业。公共交易部门中交易服务行业包括邮政业，公共管理和社会组织，国际组织；非交易部门包括教育，水利、环境和公共设施管理业，科学研究、技术服务和地质勘查业。为了便于观察与统计，按照表4-1分行业用字符代替，多数文献将国际组织与公共管理、社会组织合并，沿用将国际组织与公共管理和社会组织合并方法。

表4-1　全部部门名称

部门名称	替代字母	部门名称	替代字母
农、林、牧、渔业	X1	租赁和商务服务业	X12
采矿业	X2	居民服务和其他服务业	X13
制造业	X3	教育	X14
电力、燃气及水的生产和供应业	X4	文化、体育和娱乐业	X15
建筑业	X5	公共管理、国际组织和社会组织	X16
交通运输、仓储和邮政业	X6	科学研究、技术服务和地质勘查业	X17
信息传输、计算机服务和软件业	X7	水利、环境和公共设施管理业	X18
批发和零售业	X8	卫生和社会福利业	X19
住宿和餐饮业	X9	工业	X20
金融业	X10	社会服务业	X21
房地产业	X11	其他	X22

一、总体就业的变化趋势

Wallis 和 North（1986）通过分析就业人员部门或行业流向趋势来判断交易费用变化趋势，研究结论是在经济增长中的劳动力流动存在两个趋势：一是劳动力从生产部门流向交易部门，二是从公共部门流向私人部门，结果是交易服务的就业人数不断增长，从事生产活动的就业人数下降。因此观察就业人员流向可以大致估算交易费用的变化趋势。下面观察中国东部、中部和西部的劳动力流动趋势。

表4-2 是 1985~2017 年东部地区交易部门就业人员数量，东部地区交易部门的就业人数呈下降趋势。交易部门中就业人数减少的部门有农、林、牧、渔业，采矿业，制造业，建筑业，交通运输、仓储和邮政业，批发和零售业，居民服务和其他服务业以及公共管理、国际组织和社会组织，分别下降了约78.3%、46.85%、36.42%、26.18%、86.33%、39.06%和42.4%。租赁和商务服务业的就业人数增长最快，如果从修改后国民经济行业分类标准开始计算，从业人数增

长了8倍。这可能与东部地区的产业结构有关，东部沿海城市第三产业发展较快，从事服务业就业人数增长快于一般行业，工业产业、交通运输业、仓储和邮政业等从业人员所占比例相对减少，而住宿和餐饮业、金融业、房地产业等服务型产业的就业人数也在不断上升。电力、热力、燃气及水的生产和供应业，建筑业，住宿和餐饮业，文化、体育和娱乐业，租赁和商务服务业从业人数上涨与生产性服务业、生活性服务业快速增长相关，城市规模扩张、人口不断集聚，吸引大批就业者进入这些行业。2000年以来，以互联网为代表的信息技术革命催生了信息传输、计算机服务业和软件业的兴旺，大批劳动力流入与信息技术相关联的产业。

表4-3是1985~2017年中部地区交易部门的就业人员数量变化情况，从总就业人数来看，中部地区的转换部门的就业人数下降了39.82%。转换部门中就业人数下降较多的部门是农、林、牧、渔业，采矿业，制造业，建筑业，交通运输、仓储和邮政业，批发和零售业，住宿和餐饮业，居民服务和其他服务业，文化、体育和娱乐业及公共管理、国际组织和社会组织，分别下降了71.75%、44%、61%、1%、56%、94%、29%、61%、9%和39%。中部地区的住宿和餐饮业，文化、体育和娱乐业发展相对滞后，工业仍是主导产业，就业人员集中在第二产业。交通运输、仓储和邮政业的从业人数减少的原因可能是信息化、智能化生产减少劳动力投入，大批劳动力从原有部门或产业中释放导致行业吸纳就业人数下降。电力、热力、燃气及水的生产和供应等转换部门由于居民收入水平提高引致消费需求增加，就业人数增长了61.94%。信息传输、计算机服务和软件业就业人数增长最快，这与互联网技术进步密不可分，自从国家统计局将这一门类加入国民经济行业分类标准后，就业人数增长了6.64倍，成为就业人数增长最快的部门。

表4-4是1985~2017年西部地区交易部门的就业人员数量变化情况，从总人数来看，西部地区交易部门的产业就业人数下降了33.91%。交易部门中就业人数减少的部门有农、林、牧、渔业，采矿业，制造业，交通运输、仓储和邮政业，批发和零售业，住宿和餐饮业，居民服务和其他服务业，文化、体育和娱乐业，公共管理、国际组织和社会组织。相对于东部地区，西部地区其转换部门的就业人员数量下降比例更大。金融业、房地产业、租赁和商务服务业从业人数均出现不同程度上涨，分别增长1.19、5.15、8.49倍，租赁和商务服务业增长幅度最大，其次为信息传输、计算机服务和软件业，从业人数增长了7.69倍。东部、中部和西部地区，就业人数快速增加部门集中在与技术进步关联性最高的部门，互联网技术创造大量就业机会，导致大量劳动力流入。

表4-2 1985~2017年东部地区的交易部门就业人数

单位：万人

年份	X1	X2	X3	X4	X5	X6	X7	X8	X9	X10	X11	X12	X13	X14	X15	X16	总和
1985	287.9	—	2720.8	—	404.3	379.9	—	639.8	92.8	54.9	21.2	0.5	73.8	354.4	97.4	303.6	5430.9
1986	287.8	—	2815.7	—	424.3	383.9	—	652.5	94.6	59.9	22.5	0.6	78.5	339.1	94.3	329.0	5582.2
1987	283.2	—	2909.6	—	440.1	397.9	—	683.5	72.6	67.6	19.3	0.6	88.0	391.8	105.7	344.1	5803.3
1988	239.4	—	2983.2	—	444.6	399.0	—	703.5	74.7	75.5	20.5	0.6	92.0	399.1	107.7	354.2	5893.5
1989	233.9	—	2996.5	—	420.8	396.7	—	714.8	75.9	81.5	20.8	0.7	93.1	408.6	110.6	371.3	5924.6
1990	284.8	—	5241.3	—	1269.2	719.1	—	1272.9	156.5	99.2	44.7	0.7	82.4	578.2	55.7	1438.9	10619.8
1991	—	—	5358.0	—	1201.2	740.0	—	1357.7	162.8	94.3	45.8	0.7	84.4	593.4	57.1	1568.2	10912.4
1992	277.2	—	5485.3	—	1387.3	773.5	—	1456.5	174.3	114.8	48.9	0.7	90.2	607.1	58.4	1652.9	11493.3
1993	226.5	282.6	5135.2	103.7	1569.3	810.5	—	1303.1	79.5	126.9	42.3	35.0	45.9	502.6	48.6	2141.6	11912.4
1994	224.9	270.8	5384.8	110.6	1620.4	921.5	—	1847.2	115.7	124.7	47.0	50.5	65.0	591.7	54.9	2288.0	13097.5
1995	209.0	280.9	5490.5	115.7	1683.3	952.3	—	1982.9	125.0	131.6	49.9	52.7	69.6	608.2	55.7	2478.4	13669.6
1996	199.9	257.4	5446.3	120.6	1721.5	973.8	—	2096.1	132.4	139.1	53.2	54.5	71.8	621.5	56.9	2465.1	13795.6
1997	194.0	249.0	5372.0	125.0	1726.9	983.2	—	2201.0	139.0	147.2	56.0	57.3	75.7	640.6	58.2	2531.0	13935.8
1998	167.2	213.8	4759.9	124.7	1620.5	945.4	—	2144.1	145.2	150.3	59.3	61.0	79.8	648.9	58.7	2609.1	13189.4
1999	156.9	198.2	4673.5	128.1	1682.4	314.6	—	563.9	113.3	159.2	61.5	113.0	48.9	645.6	56.8	2556.3	10889.8
2000	149.3	175.3	1783.1	123.5	360.1	290.7	—	455.3	106.9	144.4	57.7	113.1	53.4	638.3	57.3	515.2	4459.7
2001	139.8	174.0	1673.6	125.4	360.8	294.7	—	390.4	103.1	168.8	66.2	114.3	56.7	641.8	58.4	515.4	4327.6

续表

年份	X1	X2	X3	X4	X5	X6	X7	X8	X9	X10	X11	X12	X13	X14	X15	X16	总和	
2002	129.6	174.8	1658.3	124.8	356.5	287.3	—	339.2	94.1	172.7	74.4	121.0	65.8	638.3	60.2	514.2	4268.9	—
2003	123.6	160.8	1695.5	127.0	372.4	303.7	67.3	302.2	102.2	183.5	76.2	119.7	30.2	640.7	59.2	487.1	4315.9	—
2004	119.8	160.1	1807.7	131.6	372.5	307.2	70.5	285.0	108.6	185.0	86.0	130.6	32.9	651.4	61.0	501.4	4475.0	—
2005	112.8	159.7	1985.1	130.9	420.5	305.9	75.0	274.9	111.7	188.5	94.0	152.2	34.2	656.9	61.6	527.6	4765.7	—
2006	109.5	159.6	2118.3	131.9	452.7	312.0	80.7	261.5	113.5	196.5	98.4	167.3	35.0	665.2	62.1	541.9	4983.3	—
2007	107.7	155.9	2247.2	132.8	464.0	319.6	91.8	262.4	117.5	210.1	106.2	173.4	35.0	673.3	63.2	553.0	5193.6	—
2008	102.5	165.1	2248.1	135.2	476.6	325.3	99.2	276.3	124.6	229.4	113.2	194.9	34.7	678.9	64.2	569.1	5328.5	—
2009	93.3	169.0	2291.2	136.3	540.5	334.6	105.9	291.6	129.8	245.8	122.7	209.9	37.3	686.7	67.3	587.3	5555.4	—
2010	89.0	171.1	2403.6	136.8	605.5	341.3	116.8	303.9	134.1	258.3	137.1	223.9	37.7	704.3	67.9	599.5	5842.5	—
2011	83.1	182.4	2686.2	145.1	869.1	364.4	134.9	382.5	156.0	283.2	158.7	200.5	37.3	724.1	70.4	619.5	6618.8	—
2012	75.2	183.3	2802.4	145.6	1043.2	422.5	367.8	169.2	143.3	297.3	173.2	206.4	43.0	738.7	71.5	648.8	7062.3	—
2013	61.4	176.8	3482.2	168.1	1604.2	527.1	452.7	188.1	214.9	300.8	238.5	299.3	47.9	762.4	78.6	659.9	8807.5	—
2014	66.0	165.1	3476.7	163.8	1635.1	528.5	460.5	181.9	221.5	322.1	251.3	320.0	50.6	776.8	78.0	672.2	8914.2	—
2015	61.8	150.2	3332.2	158.2	1559.0	530.8	455.2	174.0	232.9	349.2	258.8	336.9	50.2	776.4	79.3	685.4	8750.2	—
2016	65.7	131.5	3190.5	157.3	1504.5	525.2	449.3	172.4	244.5	382.0	264.9	342.8	49.5	774.3	79.6	695.6	9029.5	—
2017	60.3	121.8	3011.6	154.9	1452.1	505.0	444.1	172.2	270.4	394.8	265.6	365.1	50.2	778.9	79.9	716.6	8843.6	—

资料来源:历年的《中国统计年鉴》。

表4-3 1985~2017年中部地区交易部门就业人数

单位：万人

年份	X1	X2	X3	X4	X5	X6	X7	X8	X9	X10	X11	X12	X13	X14	X15	X16	总和
1985	289.4	—	1825.7	—	300.4	258.8	—	445.2	66.6	40.2	9.6	0.0	36.7	240.2	62.2	233.3	3808.3
1986	285.4	—	1915.3	—	301.0	262.9	—	463.1	69.3	44.6	10.3	0.0	39.4	229.4	60.0	248.1	3928.8
1987	286.7	—	1980.8	—	307.4	273.3	—	490.5	53.5	50.3	8.5	0.0	43.6	264.2	67.2	260.3	4086.3
1988	285.6	—	2044.0	—	308.9	277.4	—	513.0	56.0	56.5	8.9	0.0	45.7	272.7	69.4	272.3	4210.2
1989	285.6	—	2072.4	—	292.5	276.9	—	527.1	57.5	59.9	9.3	0.0	48.0	279.6	71.0	288.3	4268.1
1990	299.2	—	2897.4	—	711.6	465.6	—	912.5	89.1	71.3	20.7	0.3	38.1	441.3	42.5	813.9	7938.0
1991	—	—	2967.4	—	726.1	477.7	—	953.6	92.2	66.5	21.1	0.3	39.0	455.7	43.9	846.5	8154.3
1992	280.8	—	3079.6	—	772.5	496.4	—	1014.4	97.8	78.9	22.3	0.3	41.2	458.0	44.1	1000.0	8578.9
1993	278.9	440.0	2585.4	77.9	867.8	506.9	—	896.8	33.9	85.0	16.9	9.1	23.6	346.8	26.4	1519.4	7923.7
1994	266.0	439.6	2759.2	81.1	939.3	597.0	—	1314.5	52.6	81.8	19.0	14.0	36.3	426.8	32.0	1678.7	9062.8
1995	255.6	444.8	2830.6	84.7	987.0	631.4	—	1463.0	61.8	85.5	20.7	16.9	43.7	441.4	33.1	1752.5	9531.3
1996	227.3	441.8	2839.1	92.1	1022.0	665.9	—	1553.0	67.7	91.9	21.8	18.6	47.8	452.8	33.9	1817.8	9819.4
1997	226.4	420.5	2798.3	95.4	1043.5	688.9	—	1670.7	75.8	98.1	21.1	20.9	52.8	467.8	34.9	1946.8	10121.3
1998	203.4	337.5	2328.6	94.3	1026.9	670.8	—	1577.3	78.0	98.7	23.0	22.0	55.3	472.5	35.3	2022.3	9533.4
1999	192.8	317.5	2246.2	95.5	1023.8	232.2	—	375.2	45.4	102.1	23.0	40.2	25.6	470.6	34.3	1909.5	7551.6
2000	182.8	277.2	953.1	94.0	229.9	221.8	—	328.0	43.1	88.8	22.8	39.3	27.6	465.7	34.8	395.7	3828.0
2001	166.4	266.3	877.9	95.3	225.4	217.8	—	287.9	40.9	99.0	24.3	38.8	23.8	467.7	35.2	398.8	3704.1

续表

年份	X1	X2	X3	X4	X5	X6	X7	X8	X9	X10	X11	X12	X13	X14	X15	X16	总和
2002	152.8	265.0	825.3	96.1	230.1	215.8	—	253.4	39.4	99.8	27.8	38.7	25.8	465.7	35.2	391.0	3612.8
2003	183.8	222.1	792.9	100.5	248.3	203.7	28.3	215.7	42.4	102.0	25.3	39.9	13.6	457.3	39.4	392.1	3493.8
2004	172.7	233.0	763.6	99.3	253.5	198.1	29.4	197.3	41.1	101.6	27.8	40.9	14.8	463.0	36.4	400.9	3478.1
2005	160.6	235.2	749.8	97.5	282.7	182.5	31.0	169.4	40.5	100.4	31.1	40.6	11.9	467.2	34.5	408.2	3464.5
2006	155.1	246.6	762.1	98.2	305.5	179.3	33.6	157.9	41.0	100.7	33.1	41.0	12.4	474.6	34.9	410.2	3525.0
2007	143.2	245.5	732.7	96.5	331.0	181.9	32.8	146.7	37.5	106.2	33.2	41.6	13.3	478.2	35.9	411.7	3524.0
2008	130.3	246.2	706.4	96.1	332.4	178.9	33.4	143.5	38.5	109.4	34.0	46.7	13.1	477.5	35.5	426.6	3519.7
2009	120.4	252.0	718.1	96.0	362.3	175.5	36.8	141.1	40.6	117.0	39.3	45.5	13.1	482.0	35.2	450.6	3613.7
2010	118.9	256.4	750.5	96.7	376.2	166.0	37.1	142.0	42.9	120.7	43.3	49.1	14.0	489.6	35.5	457.8	3700.5
2011	113.6	279.0	865.2	107.5	483.6	171.4	42.8	159.8	46.9	127.1	51.8	47.5	12.8	496.1	36.3	464.4	4027.6
2012	108.7	283.1	898.5	112.5	545.9	168.7	171.9	52.0	44.0	130.6	58.0	47.9	11.7	504.3	38.2	484.2	4203.3
2013	93.9	285.3	1110.6	128.3	737.8	209.7	213.5	57.7	58.3	133.7	68.7	61.8	14.5	501.3	38.7	482.3	4759.5
2014	90.9	264.6	1134.4	127.2	735.8	205.6	215.4	53.0	62.1	138.2	74.8	64.2	14.8	512.4	37.3	486.9	4801.3
2015	84.5	244.5	1130.2	126.2	701.9	204.3	215.7	51.3	63.0	146.9	79.0	66.5	15.0	518.4	38.8	492.7	4776.6
2016	60.1	217.6	1200.1	118.5	726.0	208.0	222.7	51.0	69.5	168.5	89.6	77.2	13.8	522.9	40.6	511.6	4297.6
2017	57.3	203.0	1134.1	115.4	698.3	197.0	224.0	48.5	71.4	173.9	95.0	81.2	14.4	517.6	40.0	516.3	4187.4

资料来源：历年的《中国统计年鉴》。

表4-4 1985~2017年西部地区的交易部门就业人数

单位：万人

年份	X1	X2	X3	X4	X5	X6	X7	X8	X9	X10	X11	X12	X13	X14	X15	X16	总和
1985	201.6	—	1013.9	—	231.4	171.4	—	286.8	39.7	31.4	5.8	0.0	21.5	192.8	53.1	201.7	2451.2
1986	198.4	—	1055.3	—	234.1	173.2	—	297.2	40.3	34.0	6.3	0.0	23.0	183.7	51.2	215.2	2511.8
1987	195.8	—	1086.8	—	235.8	176.9	—	301.7	31.0	36.7	5.3	0.0	25.7	213.0	57.6	223.5	2590.0
1988	194.8	—	1120.3	—	238.3	177.6	—	314.0	32.5	40.8	5.7	0.0	27.1	218.2	59.1	233.6	2661.9
1989	193.7	—	1148.9	—	224.0	178.5	—	321.0	33.0	42.0	5.8	0.0	27.8	222.9	60.3	242.3	2700.3
1990	211.4	—	1671.7	—	495.1	296.3	—	535.5	53.9	50.1	12.9	0.2	23.3	322.5	31.1	626.5	5084.9
1991	216.1	—	1647.7	—	520.8	331.5	—	549.5	58.5	49.6	14.8	0.2	24.1	298.6	28.8	717.0	5263.7
1992	218.7	—	1808.2	—	587.2	321.6	—	610.3	60.9	56.4	14.5	0.2	26.0	336.6	32.4	850.5	5747.1
1993	203.9	238.3	1531.3	52.4	657.6	327.1	—	548.8	24.4	60.6	6.7	7.4	9.4	284.4	21.3	1135.4	5112.2
1994	200.9	217.0	1625.3	56.3	664.7	366.2	—	762.0	35.4	59.9	9.2	10.7	14.0	331.7	24.7	1266.9	5664.3
1995	197.0	217.5	1578.3	59.8	665.4	370.2	—	809.0	38.1	60.9	8.9	11.5	15.9	318.3	24.0	1288.8	5692.5
1996	191.5	238.3	1725.1	65.0	756.2	411.8	—	928.3	63.3	65.4	10.6	22.9	16.9	358.3	26.5	1425.7	6421.2
1997	190.5	197.5	1439.4	62.6	676.7	385.5	—	859.8	43.4	62.5	9.8	13.3	17.3	335.4	25.1	1470.5	5840.6
1998	174.5	169.3	1227.0	63.2	676.7	380.2	—	862.4	48.5	63.9	11.3	15.1	19.1	338.0	25.3	1575.0	5722.3
1999	168.4	151.8	1186.5	52.8	702.7	147.3	—	201.4	28.8	66.5	12.1	27.7	8.3	340.2	25.6	1598.2	4755.6
2000	161.8	128.1	425.2	63.7	188.9	137.3	—	167.0	28.4	59.8	12.6	27.3	9.5	345.7	25.6	290.5	2114.8
2001	151.7	120.7	517.9	66.1	186.7	137.7	—	140.5	27.2	67.7	17.3	27.6	9.5	344.2	26.4	290.8	2188.3

续表

年份	X1	X2	X3	X4	X5	X6	X7	X8	X9	X10	X11	X12	X13	X14	X15	X16	总和
2002	147.6	118.3	496.5	68.3	202.6	135.3	—	123.5	35.1	66.9	16.1	28.1	9.2	345.7	25.4	290.3	2167.8
2003	152.1	105.1	491.2	69.4	212.2	128.3	21.0	109.6	27.1	67.3	18.7	23.8	8.5	341.9	28.6	285.6	2130.0
2004	145.5	107.5	478.6	68.9	214.4	125.9	23.5	103.9	26.8	68.8	19.6	22.8	6.2	349.3	25.5	290.6	2127.9
2005	140.5	114.2	475.1	70.8	222.7	124.8	23.8	99.1	28.7	69.7	21.4	25.7	7.3	355.9	25.9	298.3	2160.3
2006	137.2	123.3	470.4	71.6	229.8	120.7	23.6	95.7	29.0	69.5	22.4	28.4	8.6	361.3	24.7	306.6	2189.2
2007	134.2	133.4	484.7	73.3	255.2	120.7	25.3	97.2	30.5	72.7	27.1	32.1	8.5	365.8	25.4	319.1	2279.8
2008	129.2	128.9	479.0	74.4	262.8	122.2	26.5	94.0	29.7	78.1	25.5	33.1	8.2	373.9	25.6	331.6	2309.3
2009	113.4	132.5	481.8	74.6	273.9	123.6	30.7	87.6	31.4	85.5	28.9	35.0	7.8	377.7	26.5	348.1	2376.6
2010	119.5	134.3	482.3	76.3	285.0	123.1	31.5	88.7	31.9	90.3	31.1	36.9	7.9	384.0	27.4	362.4	2436.0
2011	114.2	150.1	536.3	81.4	371.3	126.4	34.9	104.7	39.6	94.1	38.1	38.4	9.2	393.4	27.7	373.7	2680.9
2012	107.2	164.4	560.6	85.7	420.7	120.2	127.2	43.6	35.2	99.1	42.5	37.7	6.7	406.0	27.4	396.7	2856.2
2013	100.0	173.8	664.1	107.2	578.1	153.2	179.3	57.9	53.6	102.5	66.5	60.3	8.9	419.1	29.1	411.6	3380.0
2014	95.6	166.3	631.0	111.7	548.4	153.4	184.7	53.9	52.2	105.0	76.1	64.8	8.7	433.5	29.6	426.5	3382.6
2015	93.3	150.5	605.1	110.6	533.1	147.0	182.6	50.4	53.5	109.8	79.4	70.3	8.8	436.9	30.4	445.5	3360.2
2016	93.0	138.2	582.1	108.2	528.8	144.9	184.7	48.0	54.9	119.4	82.9	73.0	10.3	437.8	31.0	460.7	3097.8
2017	91.2	128.2	560.9	102.6	516.5	142.5	183.4	46.8	57.8	124.4	88.1	79.3	11.8	437.2	32.5	487.8	3091.2

资料来源：历年的《中国统计年鉴》。

二、非交易部门的就业人数变化趋势

表4-5 是 1985~2017 年东部地区非交易部门就业人员数量的变化趋势，非交易部门中就业人数减少的是水利、环境和公共设施管理业，就业人数下降了 87.85%。增长幅度最大的是科学研究、技术服务和地质勘查等部门，就业人数增长了 87.54%。卫生、社会福利业从业人数增长了 66.07%，卫生、社会福利业就业人员数量的上升可能的原因是政府规模扩张，承担社会职能增加导致公共部门吸纳大量就业人员。总体来看，非交易部门就业人数呈现下降趋势，就业人数与产业变动高度相关，随着第三产业产值比重不断上升，越来越多就业人员从转换部门流向交易部门，转换部门收缩，交易部门扩张。

表4-5 1985~2017 年东部地区非交易部门就业人数　　　　单位：万人

年份	X17	X18	X19
1985	74.1	155.9	147.8
1986	78.7	151.4	140.9
1987	82.1	169.2	158.5
1988	81.6	166.5	162.7
1989	83.3	164.2	165.9
1990	125.2	1076.7	239.6
1991	128.3	1030.6	242.1
1992	129.4	1102.8	250.4
1993	114.2	137.9	188.3
1994	117.2	172.1	196.5
1995	120.0	191.2	201.1
1996	116.1	196.8	206.8
1997	118.2	206.0	214.4
1998	110.7	214.6	217.7
1999	109.8	140.6	220.1
2000	110.3	141.6	223.7
2001	100.6	146.2	225.9
2002	96.9	152.8	225.7
2003	110.1	80.7	228.9
2004	106.9	82.8	235.1
2005	114.7	85.4	243.8

续表

年份	X17	X18	X19
2006	120. 1	87. 6	252. 0
2007	126. 8	91. 7	261. 5
2008	137. 9	93. 5	272. 7
2009	148. 3	97. 1	286. 3
2010	164. 3	104. 0	305. 1
2011	163. 9	109. 2	328. 8
2012	184. 5	115. 4	345. 0
2013	222. 4	124. 5	368. 6
2014	232. 8	129. 0	386. 9
2015	234. 8	130. 8	397. 9
2016	244. 1	127. 4	407. 1
2017	245. 3	126. 4	420. 7

资料来源：历年的《中国统计年鉴》。

表 4-6 反映的是 1985~2017 年中部地区非交易部门就业人员数量变化，非交易部门中就业人数减少的是水利、环境和公共设施管理部门，下降了 92%，就业人员数量变化趋势与东部地区保持一致，科学研究、技术服务和地质勘查的就业人数增长 16%，卫生和社会福利业从业人数增长了 44.38%。中部地区非交易部门的就业人数同样不断下降，劳动力流向交易部门。

表 4-6　1985~2017 年中部地区非交易部门就业人数　　　　单位：万人

年份	X17	X18	X19
1985	29. 1	101. 2	104. 6
1986	30. 1	99. 5	101. 0
1987	31. 2	111. 0	110. 9
1988	32. 4	113. 0	114. 5
1989	33. 6	115. 3	117. 3
1990	73. 3	919. 2	172. 2
1991	75. 5	933. 1	179. 3
1992	77. 4	938. 0	182. 1
1993	58. 2	83. 0	133. 0
1994	61. 7	102. 4	137. 9
1995	61. 2	131. 6	141. 6

年份	X17	X18	X19
1996	60.3	140.3	145.1
1997	63.0	155.0	149.6
1998	59.7	158.8	151.2
1999	58.6	81.3	151.6
2000	58.4	81.9	153.5
2001	56.1	81.3	154.5
2002	55.8	82.1	155.6
2003	57.6	55.3	153.9
2004	58.3	56.1	156.4
2005	58.4	56.6	159.2
2006	60.1	59.2	163.5
2007	60.8	60.3	167.5
2008	62.8	61.1	171.9
2009	64.1	62.7	182.1
2010	67.1	66.0	191.8
2011	70.5	69.0	202.5
2012	75.1	72.6	215.9
2013	82.4	73.8	227.4
2014	86.4	76.0	236.5
2015	86.1	77.8	248.6
2016	89.3	80.3	267.2
2017	85.9	78.6	273.2

资料来源：历年的《中国统计年鉴》。

表 4-7 为 1985~2017 年西部地区非交易部门就业人员数量变化趋势，非交易部门中就业人数减少的部门为水利、环境和公共设施管理业，下降 91.65%，下降幅度与中部地区比较接近，略高于东部地区。科学研究、技术服务和地质勘查业就业人数增长了 14.09%，卫生和社会福利业从业人数增长了 67.17%。与东部沿海城市相比，西部地区的科学研究、技术服务和地质勘查就业人数增长比例远远低于东部沿海城市增长幅度，可能的原因是高新技术产业集中在东部沿海地区，依据产业聚集理论，大量的高新技术产业聚集于东部沿海城市，产生规模效

应，进而提高产业竞争力，降低了产业向中西部的扩展效应，吸引了大量的科学研究、技术服务和地质勘查等部门从业人员流向东部地区。

表4-7 1985~2017年西部地区非交易部门就业人数　　单位：万人

年份	X17	X18	X19
1985	32.6	89.9	75.3
1986	33.6	87.8	73.7
1987	34.2	94.6	79.6
1988	34.8	95.8	81.5
1989	34.9	96.1	83.2
1990	77.6	772.7	115.6
1991	105.3	799.6	117.9
1992	80.0	838.5	123.9
1993	59.2	55.9	92.3
1994	66.0	57.9	96.4
1995	61.5	72.1	92.3
1996	69.3	134.5	103.4
1997	62.6	82.1	97.2
1998	59.8	88.4	99.0
1999	57.9	47.6	100.2
2000	56.8	47.8	100.6
2001	55.8	49.6	102.7
2002	53.1	51.0	102.5
2003	53.6	36.4	101.9
2004	56.4	37.1	102.1
2005	54.1	38.3	104.6
2006	54.8	40.1	108.6
2007	55.3	41.3	112.5
2008	55.8	42.5	117.6
2009	59.5	45.6	126.0
2010	60.3	48.7	134.1
2011	63.4	51.9	146.3
2012	70.0	55.5	156.7
2013	81.9	60.7	172.4

续表

年份	X17	X18	X19
2014	87.8	64.0	185.3
2015	88.5	64.5	193.3
2016	87.8	65.1	199.2
2017	89.6	65.6	209.6

资料来源：历年的《中国统计年鉴》。

从专业化分工视角来看，分工范围决定市场规模，分工演进带来分工环节细化、深化和专业化，有两个重要特征：一是产业间分工更加紧密化、产业内专业化深度细化，分工环节和分工链延长，劳动力不断嵌入分工的局部环节。二是交易部门吸纳就业数量在不断增加，转换行业吸纳劳动力不断下降，尤其是私人交易部门扩张，劳动力从生产转换部门流向公共部门和私人部门的交易行业，交易部门吸纳劳动力不断增加。

三、交易部门与非交易部门的产业增加值

表4-8为1985~2003年交易部门的产业增加值，考虑到2003年前后国民经济部门分类调整较多，将采矿业，制造业，电力、热力、燃气及水的生产和供应业合并为工业增加值，租赁和商务服务业，居民服务、修理和其他服务业合并为社会服务业，总体来看，交易部门的增加值均呈逐年上升态势。2003年之前社会服务业增加值增长态势强劲，与1991年相比增长了9.9倍，增长速度最低的是农、林、牧、渔业，增加值增长仅为2.43倍。

如表4-9所示，2003年后，交易部门的增加值依旧呈逐年上升态势，金融业的增加值上升迅速，2015年是2004年的9.7倍，社会服务类居民服务、修理和其他服务业增长3.37倍，租赁和商务服务业增长了5.51倍。1985~2003年，工业部门与建筑业强势增长，接近第三产业增加值的增速。2004~2017年，第三产业增加值的增速超过第二产业，尤其是信息服务业、金融保险业、房地产业、教育和科学研究事业保持快速增长。2003~2017年，农、林、牧、渔业增加值增长1.79倍，与工业相关的行业如采矿业，制造业，电力、热力、燃气及水的生产和供应业，建筑业的增加值分别增长了1.5倍、2.9倍、1.6倍、4.3倍，远低于2003年。2004~2017年金融业增加值增长了9.7倍，高于2003年前的增速。

表 4-8　1985～2003 年交易部门的产业增加值

単位：亿元

年份	X1	X5	X6	X8	X9	X10	X11	X14	X15	X16	X20	X21
1985	—	419.3	421.7	802.4	138.3	259.9	215.2	—	—	—	3478.3	—
1986	—	527.3	498.8	852.6	163.2	356.4	298.1	—	—	—	4000.8	—
1987	—	667.5	568.3	1059.6	187.1	450	382.6	—	—	—	4621.3	—
1988	—	811.8	685.7	1483.4	241.4	585.4	473.8	—	—	—	5814.1	—
1989	—	796.1	812.7	1536.2	277.4	964.3	566.2	—	—	—	6525.7	—
1990	5061.8	859.4	230.2	1268.9	17	1017.5	662.2	218.3	143.6	—	6884.9	—
1991	5341.9	1015.1	318.3	1834.6	19.1	1056.3	763.7	272.9	454.9	662.1	7796.8	447.3
1992	5866.2	1415.0	394	2405	22	1306.2	1101.3	328.6	547.7	809.7	9250.4	599.7
1993	6963.3	2284.7	545.6	2816.6	25.8	1669.7	1379.6	426.0	709.9	986.4	10486.5	899.2
1994	9572.1	3012.6	828.9	3773.4	36.6	2234.8	1909.3	586.6	977.6	1279.1	12075.5	1200.5
1995	12135.1	3819.6	1081.1	4778.6	43.2	2798.5	2354	674.7	1124.5	1438.0	13354.5	1546.4
1996	14014.7	4530.5	1329.3	5599.7	46.8	3211.7	2617.6	813.0	1354.9	1615.3	14720.3	1717.7
1997	14440.8	4810.6	1611	6327.4	48.4	3606.8	2921.1	956.1	1573.2	1763.9	16457.3	2177.9
1998	14816.4	5231.4	1772.8	6913.2	43.6	3697.7	3434.5	1136.7	1823.9	1969.1	17930.0	2649.3
1999	14768.7	5470.6	1955.52	7491.1	42.4	3816.5	3681.8	1355.3	2098.0	2201.2	19590.8	2893.7
2000	14943.6	5888.0	2621.3	8158.6	42.3	4086.7	4149.1	1565.1	2391.2	2347.8	39776.8	3249.8
2001	15780.0	6375.4	3038.7	9119.4	44.4	4353.5	4715.1	1782.4	2768.7	2584.6	43167.0	3855.7
2002	16535.7	7005.0	3436.2	9995.4	48.8	4612.8	5346.4	2022.0	3090.4	2844.5	47439.5	4366.4
2003	17380.6	8181.3	4102.8	11169.5	190.9	4989.4	6172.7	2049.1	3415.1	3138.5	53159.8	4879.6

资料来源：历年的《中国统计年鉴》。

单位：亿元

表4-9　2004~2017年交易部门产业增加值

年份	X1	X2	X3	X4	X5	X6	X7	X8	X9	X10	X11	X12	X13	X14	X15	X16
2004	21412.7	7628.3	51748.5	5833.3	8694.3	5658.9	4236.3	12453.8	221.2	5393.0	7174.1	2627.5	2481.5	4892.6	1043.2	6141.4
2005	22416.2	10318.2	60118.0	6794.6	10133.8	6553.2	4768.0	13966.2	249.8	6307.2	8243.8	2912.4	3129.4	5656.3	1188.2	6828.8
2006	24036.4	12082.9	71212.9	8015.2	12408.6	7379.6	5683.5	16530.7	280	8099.1	10370.5	3790.8	3541.7	6407.0	1362.7	8836.6
2007	28483.7	28627.0	13460.7	87465.0	9609.2	8895.7	6705.6	20937.8	314.6	12337.5	13809.7	4694.9	3996.5	7693.2	1631.3	10830.4
2008	33428.1	33702.0	19629.4	102539.5	8091.3	9922.7	7859.7	26182.3	371.2	14863.3	14738.7	5608.2	4628.0	8887.5	1922.4	13783.7
2009	34659.7	35226.0	16726.0	110118.5	8395.4	10375	8163.8	28984.5	418.9	17767.5	18654.9	6191.4	5271.5	10481.8	2231.0	15161.7
2010	39619.0	40533.6	20936.6	130325.0	9460.6	11853.8	8881.9	35746.1	484.6	20980.6	22782.0	7785.0	6101.7	12042.1	2495.8	16210.3
2011	47483.0	26296.2	156456.8	12389.8	32926.5	13983.1	10304.8	43730.5	655.2	30678.9	28167.6	9453.4	7517.1	14774.6	3134.5	18079.0
2012	52368.7	25093.0	169806.6	14006.0	36896.1	15508.4	11928.7	49831.0	824.4	35188.4	31248.3	11248.2	8156.8	16645.7	3530.6	20101.7
2013	56973.6	25467.6	181867.8	15002.2	40896.8	17372.1	13729.7	56284.1	1038.3	41191.0	35987.6	13335.0	8625.1	18951.4	3867.7	21693.0
2014	57472.2	23417.1	195620.3	14819.0	44880.5	19159.1	15939.6	62423.5	1079.1	46665.2	38000.8	15276.2	9706.3	21159.9	4274.5	23508.7
2015	59852.6	19104.5	202420.1	14981.7	46626.7	20568	18546.1	66186.7	1130	57872.6	41701.0	17111.5	10854.5	24253.1	4931.2	26622.6
2016	62451.0	18260.4	214289.3	15328.0	49702.9	22129.23	21899.7	71290.7	1335.8	61121.7	48190.9	19483.3	12792.7	26770.4	5483.7	30643.1
2017	64660.0	21025.5	240505.4	16797.2	55313.8	24639.69	26400.6	77658.2	1469.8	65395.0	53965.2	21887.8	14704.4	29918.3	6647.8	34023.6

资料来源：历年的《中国统计年鉴》。

如表 4-10 所示，按照现有国民经济行业分类标准其他产业包括国际组织等产业。非交易部门的产业增加值逐年递增，截至 2017 年，科学研究、技术服务和地质勘查业，水利、环境和公共设施管理业，卫生和社会福利业，以及其他产业增加值分别增长了 23.13 倍、68.81 倍、100.82 倍、212.1 倍，其他产业增加值从 1993 年的 18.3 亿元增加到 2017 年的 5198.4 亿元，非交易部门的增加值增速不断上升。

表 4-10 1985~2017 年非交易部门的产业增加值　　　　单位：亿元

年份	X17	X18	X19	X22
1985	16.3	27.7	37.7	—
1986	20.1	31.6	46.6	—
1987	22.6	35.1	51.9	—
1988	27.4	40.9	64.5	—
1989	30.8	44.3	73.8	—
1990	36.0	48.8	85.1	—
1991	39.5	53.6	95.3	—
1992	49.1	64.6	116.5	—
1993	63.4	53.5	139.5	18.3
1994	106.8	75.9	216.8	32.3
1995	121.4	79.8	253.8	40.4
1996	141.9	83.9	303.2	69.3
1997	161.9	91.7	348.1	86.7
1998	172.6	92.2	395.3	94.8
1999	192.4	97.5	453.5	101.5
2000	224.5	107.5	517.0	115.3
2001	267.7	115.4	629.3	142.4
2002	304.5	118.6	718.7	180.4
2003	454.4	202.6	782.1	356.0
2004	514.6	226.1	902.3	404.3
2005	614.0	257.3	1047.8	491.8
2006	736.9	289.8	1226.1	587.4
2007	923.9	352.2	1496.6	699.1
2008	1154.6	413.8	1789.3	862.8

年份	X17	X18	X19	X22
2009	1350.6	474.3	2095.3	996.2
2010	1619.3	555.9	2506.4	1171.7
2011	1879.6	659.8	3078.6	1475.6
2012	2259.4	784.6	3718.5	1769.4
2013	2940.3	933.7	4397.8	2957.7
2014	3339.7	1049.9	5057.8	3375.8
2015	3665.8	1177.7	5941.3	3912.7
2016	4037.3	1278.2	6825.6	4431.8
2017	4491.5	1394.3	7930.8	5198.4

资料来源：历年的《中国统计年鉴》。

第二节　中国交易部门的交易费用测度

一、测度方法

根据前文行业的划分结果，第一产业和第二产业中所有行业全部属于转换行业，而第三产业既包含交易部门又包含非交易部门。假定第一产业中的交易费用全部体现在农、林、牧、渔服务业中，依据《第三次全国农业普查主要数据公报》可知，2016年，农、林、牧、渔业从业人员占农业生产经营人员的0.6%，据此假定1985~2017年第一产业中从事交易性服务的人数占第一产业从业总人数的0.6%，历年第一产业的交易费用等于第一产业从业人数乘以平均工资0.6%。同理，《第三次全国工业普查主要数据公报》显示，1985~2005年第二产业内从事交易服务的员工占第二产业总员工的平均比重为21.6%，而2006~2017年平均比重为23.3%，与第一产业类似，历年第二产业的交易费用等于第二产业中就业人员的21.6%或23.3%或乘以人均工资；第三产业的交易费用计算方法是：对于金融、房地产业等公共交易部门采用各从事交易服务的员工数量乘以第二产业相应行业的平均工资反映其交易费用，对非交易部门则假定一半从业人员属于交易服务员工，故其交易费用为各非交易服务行业的增加值的一半，将二者加总可得到第三产业的交易费用总量。最终将第一、第二、第三产业的交易费用加总可测算全国交易部门的交易费用总量及其行业构成的特征。交易部门的交易费用测量指标体系如表4-11所示。

表4-11　交易费用测度的部门分类

产业	交易部门类型	交易费用测算方法
第一产业交易费用	交易部门	农、林、牧、渔业就业人员总工资×0.006
第二产业交易费用		采掘业，制造业，建筑业，电力、热力、燃气和水的生产和供应业的就业人员总工资×0.216（1985~2005年）
		采掘业，制造业，建筑业，电力、热力、燃气和水的生产和供应业就业人员总工资×0.233（2006~2017年）
第三产业交易费用	交易部门	农、林、牧、渔服务业、金融及保险业、房地产业、社会服务业、教育、文化艺术和广播电视业、国家机关、政党团体和社会团体、邮电通信业、批发零售贸易业其他行业增加值×0.5
	非交易部门	地质勘查业和水利管理业、卫生体育和社会福利业、科学技术和综合技术服务业、交通运输仓储业、餐饮业、其他行业增加值×0.5

二、测算结果

表4-12为1985~2017年中国的交易费用，第一、第二、第三产业的交易费用绝对量均呈上升趋势，第三产业的交易费用增速最快，从1985年的1601.2亿元增长到2017年的320276.0亿元，第一产业交易费用从1985年的0.2亿元增长到2017年的2.8亿元，第二产业交易费用从1985年的160.8亿元增长到2017年的11799.0亿元，三次产业交易费用的绝对值都在上升，第一产业增速相对较慢，第二、第三产业增长较快。1985年交易费用占国民生产总值的比重为19.4%，2017年为40.5%，交易费用相对值也在上升。这与Wallis和North（1986）的测算结果基本一致，中国宏观交易费用占国民生产总值比重上升，经济增长伴随着绝对交易费用和相对交易费用上升。

表4-12　1985~2017年中国的交易费用　　　　　单位：亿元，%

年份	第一产业交易费用	第二产业交易费用	第三产业交易费用	交易费用绝对量	交易费用占GDP的比重
1985	0.2	160.8	1601.2	1762.2	19.4
1986	0.2	192.0	1872.2	2064.4	19.9

续表

年份	第一产业交易费用	第二产业交易费用	第三产业交易费用	交易费用绝对量	交易费用占GDP的比重
1987	0.3	218.9	2304.0	2523.2	20.7
1988	0.3	269.3	3043.6	3313.2	21.8
1989	0.3	306.5	3649.5	3956.3	23.0
1990	0.4	342.3	3617.4	3960.0	21.0
1991	0.4	387.8	5642.7	6030.9	27.4
1992	0.4	454.3	7300.7	7755.5	28.5
1993	0.4	575.4	9166.3	9742.2	27.3
1994	0.6	730.7	12437.0	13168.3	27.1
1995	0.7	951.4	15384.2	16336.3	26.6
1996	0.8	1022.2	17754.5	18777.4	26.2
1997	0.8	1050.8	20369.8	21421.4	26.9
1998	0.8	970.8	22689.8	23661.3	27.8
1999	0.8	981.1	24631.9	25613.9	28.3
2000	0.8	1027.4	27531.7	28559.9	28.5
2001	0.8	1115.4	31074.9	32191.1	29.0
2002	0.9	1223.3	34422.1	35646.3	29.3
2003	1.0	1387.2	38801.0	40189.2	29.3
2004	1.1	1602.2	46082.3	47685.5	29.5
2005	1.1	1900.0	53616.7	55517.7	29.6
2006	1.2	2275.4	64173.2	66449.8	30.3
2007	1.4	2726.2	82227.4	84955.0	31.5
2008	1.6	3224.8	97699.1	100925.5	31.6
2009	1.6	3614.5	111162.6	114778.7	32.9
2010	1.9	4319.7	130841.1	135162.7	32.8
2011	2.1	5954.9	163351.6	169308.6	34.7
2012	2.3	7144.0	184905.3	192051.6	35.7
2013	2.3	10119.2	210083.7	220205.2	37.1
2014	2.4	10973.1	190467.1	201442.6	38.0
2015	2.6	11281.0	261452.1	272735.7	39.8
2016	2.6	11494.3	289342.6	300839.5	40.7
2017	2.8	11799.0	320276.0	332077.8	40.5

资料来源：根据历年的《中国统计年鉴》整理计算。

交易费用与经济增长趋势几乎保持一致,为什么市场制度越来越完善,交易费用没有呈现下降趋势。这是由于交易费用划分为宏观层面与微观层面的交易费用,这两种交易费用变化趋势并不一致,宏观层面的交易费用是指投入到交易部门的劳动力、资本等资源,微观层面的交易费用是指单笔交易费用,这样宏观层面的交易费用随着交易部门扩张,就业人数增加而导致交易费用上升,微观层面由于制度完善、技术进步提升交易效率,单位交易费用在稳定下降。1990 年第一、第二和第三产业增加值分别为 5061.8 亿元、7714.0 亿元、6111.4 亿元,2015 年第一、第二和第三产业增加值分别为 59852.6 亿元、282040.0 亿元和346150.0 亿元,第一产业单位交易费用从 $7.11×10^{-5}$ 下降到 $5.81×10^{-5}$,第二产业单位交易费用从 0.044 下降到 0.039,1990 年第三产业单位交易费用为 0.599,2015 年为 0.755,第一产业和第二产业单位交易费用下降,第三产业单位交易费用上升。用 2003 年的交易费用比当年产业增加值,2003 年第三产业单位交易费用高达 3.02,远高于 2015 年的单位交易费用,2013 年第一、第二产业单位交易费用高于 2015 年,宏观交易费用上升,微观交易费用降低,提升了交易效率,增加了交易规模,使宏观交易费用上升。2105~2017 年,交易费用上升趋势逐渐放缓,相对交易费用的比重稳定在 40% 左右。

三、宏观层次的交易费用与经济增长

制度变迁旨在降低市场的交易费用,但本书观察到的交易费用占 GDP 比重却在不断上升,这是什么原因呢? 如何解释交易费用日益上升的趋势。Wallis 和North(1988)对此的解释:经济增长带来的市场范围与规模扩张,传统的人格化交易所占比重开始下降,取而代之的是非人格化交易,这就需要交易双方投入更多成本用于信息搜寻与收集,增加了交易费用。交通与通信领域技术进步使过去没有发生的交易变成可能,可以理解为单位交易费用下降引致更多的交易发生,这样也会导致交易费用的增长。国家治理能力上升导致运用政治制度重构产权成本下降,这一变化的结果是,各种政治组织孕育而生,政府边界扩张,政府代替个人做出决策并由此导致交易费用增加。

上述原因容易解释,分工范围的扩张导致市场交易规模增加,当市场范围受限和交易制度建设相对滞后时,为了确保契约得到执行,必须采取一些防范措施,这就产生了基于自身社会关系网络而形成的人格化交易,这些人格化交易的优点是交易双方多次重复交易,交易双方为保障契约执行投入一定的沉没成本,

此时违约的成本高于执行契约。当经济发展到一定阶段，市场规模不断扩大时，市场交易不再局限于人格化交易，非人格化交易所占比重不断上升。此时交易费用增加体现在事前信息搜寻、交易过程的讨价还价和交易后的监督对方执行契约。交通与通信领域技术进步对于交易费用的影响主要体现在两个方面：第一，原来由于交易费用较高而难以实现的潜在市场交易，可能会因技术进步导致交易费用下降使交易变成有利可图，这样降低单项交易费用来增加交易频率使交易费用增长。第二，技术进步节约单笔交易费用，交易频率上升使交易费用增加。Ghertman（1998）在对比美国、日本、德国和法国四个国家1960~1990年交易费用的变化规律，四个国家在此期间交易费用占GDP的比重不断上升。他运用人均交易费用—收入曲线作为分析工具：绘制四个国家30年间的人均交易费用—人均收入曲线，该曲线斜率相当稳定；人均交易费用与人均收入同比例增加，人均收入—交易费用曲线斜率越大的国家，其交易效率越高。

上述测算结果表明，低的交易费用意味着更多的贸易，更专业化的社会分工和更高的生产率；相反，生产成本的变化也会对交易费用成本产生影响。此外，他们所计量的交易费用总额实质上是市场上总的可计价的各种交易部门的价值加总，而不包括各种非市场化的资源损失，这样必然严重低估一个经济中真实的交易费用总额。

经济组织目的就是不断降低单位交易费用。社会交易费用随着经济发展在社会总生产成本和GDP中所占的比重越来越大，这是不是相互矛盾的现象？因此，解释社会交易费用的不断增长对经济学家来说是一个重大的挑战。一般认为，经济发展至少会在以下几个方面增加交易费用：社会分工程度的深化会增加宏观的交易费用，当然分工有利于技术进步，能够降低单位交易费用，但是随着交易部门的扩展，不可观察费用会不断转化为可观察费用而纳入可测度的范围内，因此原来交易费用较低，原因是可测度的交易费用低，存在被抑制的交易部分并未计算在内。随着经济发展，市场范围的不断扩大和各种组织快速增长，交易由人格化交易更多地转换为非人格化交易，理性消费者会更多地卷入搜寻和收集信息的活动中，这必然也会增加交易费用。由于社会进步，许多领域的交易费用无穷大，根本无法统计降低多少交易费用，此时有限的交易费用就纳入了国民收入统计的范围。随着第三产业的不断发展，由自我服务到市场服务的货币化的发展进程加快，反映到国民收入账户上，表现为交易费用部分在GDP中所占的比重越来越大。此外，运用政治制度来重构产权的费用的不断降低，这一变化的结果导致各种政治组织的发展，从而由政府行政部门替代了个体决策制定能力，并将交易费用附加于经济的其他部门。

第三节　交易费用与公共物品的契约选择

对于政府部门而言，为居民供给优质的公共服务是其寻求的目标之一。但这并不意味着所有的公共服务都应该由政府提供，发达国家的实践证明，如果完全由政府来主导公共服务未必是最优的选择，私人部门的参与可能会带来更好的效果。公共选择学派对此解释是完全政府主导供给明显的优点是决策效率高和质量有保证，但明显的缺陷是交易成本高和容易滋生腐败。因此，在公共服务领域引入私人部门的加入可以在一定程度上弥补政府供给的缺陷。私人参与公共服务建设的模式中，公私合营关系是被发达国家运用最多，也是相对成熟的一种。20世纪七八十年代的英国和法国公共部门开始实施大规模的私有化，此后的新兴经济体（拉美和东欧）在诸多公共领域放松管制，允许更多的私营资本进入铁路、高速公路、医疗、电信、能源建设等公共部门。针对当前中央政府逐步放松对传统垄断行业和部门规制，鼓励私人企业参与到石油、银行等领域竞争中，促使企业提升自身竞争能力，从新制度经济学视角在理论层面提出一些建议。所以本章并不是证明公私合营关系的理论基础，而是分析公私合营关系在运用中出现的一些问题及其背后的原因，有些问题也已经在本书运用中出现，如公路交通建设中频频出现的短寿公路和桥梁问题，保障性住房中的偷工减料和质量不达标等严重安全问题。

经典的公私合营关系可以概括为：作为委托人的政府部门与代理人的私营部门签订一份契约（长期契约或短期契约），让私营部门来参与公共服务供给。代理人参与的公共服务通常主要包括一些城市公共设施建设、运营以及维护。经过多年探索和总结，这些国家政府已经在多个公共领域与私营企业开展合作，这种方式不仅存在于交通、能源、供水等基础设施部门，甚至延伸到学校、医院、污水处理和监狱，可以说公共服务的建设不再是政府部门垄断经营，而是呈现一个多元化的发展方向。此外，公私合营关系也受到越来越多的拉美国家和亚洲国家的青睐。世界银行的一项调查表明，1990~2002年，拉美国家有47%的公共服务是通过这种公私合营方式来建设的，其中智利和墨西哥最先运用公私合营方式建设公共服务，亚洲的韩国、日本也通过这种方式来建设公共服务。总而言之，公私合营关系是公共部门和私营部门为了各自利益的需要，双方共同参与公共服务及服务的生产、建设、运营和维护，其实质是通过相应的契约安排，充分发挥公共部门和私营部门的优势，克服各自的弱点，为日益复杂的公共服务建设提供一条新的途径。

广泛推广公私合营方式，弥补了政府主导公共服务建设中的部分问题，但在实践中也出现一些问题：例如，合作的私营企业过度追求成本控制导致服务质量下降；由于公私合营方式主要采用中长期契约，这类契约对于未来不确定性和争议部分的再谈判问题；私营企业专用性资产带来的套牢问题；企业对居民需求判断偏差问题，导致公共服务建设与需求不匹配问题等。因此，本书有必要改变现有公共服务供给的机制，而公私合营方式恰恰为提供一个解决思路，当然必须先理解公私合营的理论框架和激励机制，然后才能利用它解决公共服务建设中出现的问题。

20 世纪 80 年代，新公共管理运动发展，政府干预市场之风再次在发达国家兴起。随着居民对公共服务的要求不断提高，学者们开始重新定位政府与市场关系，提出放松市场准入的规制，让更多私营团体进入公共服务部门，其中代表性的就是公私合营关系。Hart（2003）在 HSV 模型的基础上提出公共服务可以由政府和私营共同建设，公共设施的产权是激励投资的来源。在传统模型中公共服务的建设者不能内部化对运营成本和收益的影响，而 PPP 理论部分分析了公共设施的建设者内部化自己的生产性投资的影响，内部化其非生产性投资的影响。Besley 和 Ghatak（2001）指出，所有权应该在为公众服务的估价最高者手中，从而证明，非政府组织可以拥有公共设施的所用权。Francesconi 和 Muthoo（2006）认为准公共服务的所有权可以由一个集体所有，只要分割产权与最优投资是相容的。Martimort 和 Pouyet（2008）建立一个公共设施的质量和运营成本是可以被写进契约的完全契约模型。Bennett 和 Iossa（2006）提出由于创新属于事前无法写进契约，但事后可以证实，此时产权给予那些对创新具有决定影响的投资者。唐祥来（2009）提倡政府与市场职能边界在清晰基础上的适当模糊，尤其是轻资产所有权关系，视双方或多方合作为政府与市场关系的常态。贾康和孙洁（2011）关注公私合作关系在保障性住房建设中的优势。

一、基本模型

公私合营契约也是一种委托—代理关系，但它又与其他契约理论有着本质的不同，公私合营契约通常是一份高度不完全的契约，原因主要有三点：长期契约、风险转移、任务捆绑。

（1）长期契约。一份典型 PPP 契约通常是一份中长期契约，通常契约实施时间不低于 5~10 年，有些契约持续 20~30 年，私营部门建设服务的对象可以是政府部门，也可以是普通居民。

（2）风险转移。完整的 PPP 契约通常要把风险转移到建设公共设施的私营部门。政府部门在契约中详细说明，建设的公共服务的质量、标准和期限。

（3）任务捆绑。通常一份典型的契约主要包括设计、建设、融资和运营几个部分，并且这些部分可以由一个私营企业完成，也可以由几个私营企业共同完成。多个企业共同履行契约的问题通常更为复杂，这就需要把原来 PPP 契约拓展为 DBFO 模型。

由于以上三个原因，本书需要借助不完全契约的分析框架来分析，主要考虑是不完全契约分析得到结论更加贴近现实。

DBFO 模型的情形分析如下：政府（委托人 G）依靠一个或一组私营企业私营部门（代理人 F），如果这些私营企业组成一个私营集团来建设，并不影响本文的结论。公共服务供给首先考虑到公共设施的设计、建造，运行和维护等一系列问题。本书把建设公共服务细分为四个部分：设计、建设、融资、运营，即所谓的 DBFO 模型。理论上私营企业参与哪个环节，就要对参与的环节承担相应的责任。通常公共服务的成本主要是两个约束：提升质量的成本和降低运营的成本。质量提升和降低运营的成本，都需要在事前做出一定的专用性投资。首先分析质量的提升，企业在改善质量方面需要花费其一定成本，但未来能给消费者提供优质的服务。但由于契约的不完全，质量的高低在事前无法明确写进契约，或要按照契约双方满意方式写进契约的成本太高，这也是为什么此时契约属于不完全契约的原因。假设公共设施收益函数为：

$$B=b_0+ba \tag{4-1}$$

其中，$b>0$ 代表质量改善带来的边际收益，a 表示改善质量的投入，$b_0 \geq 0$（改善质量努力为零时，公共设施的最低效益）。影响公共服务总成本主要包括三个方面：降低运营成本投入、质量改善的投入和不确定的成本，成本函数可以写成：

$$C = \theta_0 - e - \delta a + \varepsilon \qquad (4-2)$$

θ_0 代表当投入降低运营成本和改善质量投入都为零时的固定成本，e 代表降低运营成本的投入，a 代表质量改善的投入，δ 代表质量改善的投入对于总成本的影响参数，参数可能存在两种可能：第一，$\delta > 0$，表示质量改善投入会降低公共服务的成本；第二，$\delta < 0$，表示质量改善的投入会增加公共服务的成本。假设质量改善和成本降低需要代理人投入货币化的成本，质量改善和降低成本的努力函数为二次函数，质量改善的成本函数：$\varphi(a) = \dfrac{a^2}{2}$，降低成本的函数：$\psi(e) = \dfrac{e^2}{2}$，两种投入之间不存在范围经济或规模经济。$a$ 和 e 对于委托人是不可证实的，也无法在事前写入契约，只有代理人知道，并且对于第三方也无法证实。ε 是一个随机变量，其服从正态分布，均值为 0，方差为 σ^2，用来代表在运营基础设施过程中可能遇到的其他不确定性的影响，例如，由于通货膨胀导致劳动力成本上升，由此增加企业的用工成本，但契约中未考虑到此项因素，那么企业可能需要政府支付更高的价格，但政府并不同意私营企业的要求，可能会让企业自己承担，显然对于私营企业来讲，这种不确定性导致成本增加事后很难得到政府认可，除非政府与企业是一体化，那么对由于意外因素导致的成本增加是可以证实的。政府是风险中性的，私营企业是风险规避的。政府目标是社会福利最大化，私营企业目标是最大化其期望效用，其风险规避系数是 $r > 0$。

（一）社会最优

为了获得社会最优的努力水平，本书假设把政府和私营企业作为一个企业，忽略产权安排方式，并认为改善质量的努力和降低运营成本的努力在事前可以无成本的写入契约，同时对双方来讲是可以观察和证实的，此时不完全契约接近于完全契约。企业没有外部选择权，此时不确定性的问题将不存在，原因是运营基础设施过程中遇到的不确定性影响是可以证实的，成本可以得到内部认可，此时最优满足：

$$\max_{a,e} B - C - \varphi(a) - \psi(e) = b_0 + ba - \theta_0 + e + \delta a - \frac{a^2}{2} - \frac{e^2}{2} \qquad (4-3)$$

解一阶条件得：$a^{FB} = b + \delta$，$e^{FB} = 1$。

总的社会收益：$W^{FB} = b_0 - \theta_0 + \dfrac{1 + (b + \delta)^2}{2}$

a^{FB} 表示改进质量的努力等于其边际社会价值,包括对降低社会成本(δ)和带来边际社会收益的增加(b)。e^{FB} 代表降低运营成本的努力等于其降低 1 个单位的社会成本。为了更形象的叙述,时间顺序如图 4-1 所示。

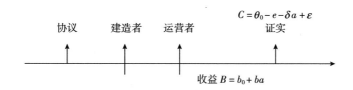

图 4-1 时间顺序

(二)私营企业非一体化和一体化

私营企业非一体化表示公共服务的建设和运营分别是两个独立企业承担;一体化表示虽然是两个私营企业完成,但它们同属于一个集团控制。在这两种情形下,对企业激励程度是不一致的。在非一体化时,政府与建设公共设施的企业签订契约,再与运营企业签订契约,公共服务的建设和运营是分开的;在一体化时,政府与私营集团签约,两种情形下政府与两个企业或私营集团目标是一不致的。政府目标是最大化社会收益,企业的目标是最大其收益,此时借鉴 Holmstrom 和 Milgrom(1991)的方法,假设运营企业的成本函数为 $t(C)=\alpha-\beta C$,其中 $0\leqslant\beta\leqslant1$,当 $\beta=0$ 时代表无激励降低成本函数;当 $\beta=1$ 时代表高能降低成本激励函数。

1. 非一体化

为简化分析,首先假设政府支付固定收益给建设企业,既然是固定收益,对于建设企业,事前改善质量的努力投入,无法增加事后总收益,但却要投入成本,理性企业选择事前不投入任何努力去改善质量,此时质量改善努力投入 $a_u^{SB}=0$。运营企业投入的降低运营成本的努力 e 通过求解最优化得出。公共服务的运营企业最大其收益,激励约束为:

$$\min_e t(C)=\alpha-\beta(\theta_0-e+\varepsilon)-\frac{e^2}{2} \tag{4-4}$$

解一阶条件得:$e_u^{SB}=\beta$。

降低运营成本的努力投入能够使运营企业获得更多的收益,对于运营企业来说是一个高能激励。当然运营企业也会面临一定的不确定性,原因是如果建设企业对质量改善不做任何投入，那么运营企业将承担一定的风险（如由于公共设施的质量导致运营成本增加），所以必须给予运营企业风险补偿$\dfrac{r\sigma^2\beta^2}{2}$。此时运营企业的期望收益为：$W_u^{SB}=\alpha-\beta\theta_0+\dfrac{(1-r\sigma^2)\beta^2}{2}$。

此时社会总收益为：$W^{FB1}=b_0-\theta_0+\beta-\beta^2\dfrac{r}{2}\sigma^2$

当由运营者来承担风险时，需要给其确定性等价补偿$\dfrac{r\sigma^2\beta^2}{2}$，对于社会意味着成本增加，尤其当$\sigma^2$比较大时，运营企业面临的风险将增加，那么其投入降低运营成本努力的激励将弱化，此时它的努力水平低于社会最优条件下的最优努力水平。

2. 一体化

假设建设企业与运营企业一体化了，属于一个私营集团，此时改善质量努力投入和降低运营成本带来的收益会将提高私营集团收益。此时私营集团的最大化预期收益为：

$$\max_{a,e}\alpha-\beta(\theta_0-e-\delta a+\varepsilon)-\dfrac{e^2}{2}-\dfrac{a^2}{2} \tag{4-5}$$

解：$e_b^{SB}=\beta$，$a_b^{SB}=\begin{cases}\beta\delta & \text{IF } \delta>0 \\ 0 & \text{IF } \delta\leq 0\end{cases}$，$W_b^{SB}=\begin{cases}W_u^{SB}+\dfrac{(\delta\beta)^2}{2} & \text{IF } \delta>0 \\ W_u^{SB} & \text{IF } \delta\leq 0\end{cases}$

结论1：当$\delta\leq 0$时，改善质量投入具有负的外部性，会增加企业成本。非一体化和一体化的企业最优努力投入是一致的。

$a_u^{SB}=a_b^{SB}=0<a^{FB}$，$e_u^{SB}=e_b^{SB}=\beta<e^{FB}$，$W_b^{SB}=W_u^{SB}$

结论2：当$\delta>0$时，质量能够降低成本。此时一体化企业会做出改善质量的投入。也即：

$a_b^{SB}>a_u^{SB}$，$W_b^{SB}>W_u^{SB}$，此外$\dfrac{\partial(W_b^{SB}-W_u^{SB})}{\delta}>0$

如果改善质量的努力投入能够降低运营成本，一体化的条件下，私营集团在建造公共设施时，改善质量的努力投入导致成本增加，可以在运营阶段获得补偿，外部性由于企业一体化而内在化，当正的外部性δ越大，初始改善质量努力的投入越多。

二、模型扩展

(一) 成本激励

前文假设建设公共设施企业的成本与公共设施的运营成本没有关联，在现实生活中，建设成本往往会与社会总成本相关，此时对于公共设施的建造者激励是否会发生改变呢？假设公共设施建设的成本函数为：$t_B(C) = \alpha_B - \beta_B C$。

在非一体化时，建设公共设施的企业收益函数为：

$$\max_a t_B(C) = \alpha_B - \beta_B(\theta_0 - e - \delta a + \varepsilon) - \frac{a^2}{2} \tag{4-6}$$

解其一阶条件得：$a = \beta_B \delta$。

此时，建设公共设施的私营企业与运营公共设施企业一体化和非一体化还是存在差异的，当建设企业面对未来不确定性时，只需要给予建设企业风险溢价补偿，补偿值为 $\frac{r\sigma^2 \beta_B^2}{2}$。

在非一体化时，社会最优的改善质量的努力函数为：

$$\max_a = b_0 + ba - \theta_0 + e + \delta a - \varepsilon - \frac{a^2}{2} \tag{4-7}$$

解其一阶条件得：$a_u^{SBC} = b + \delta$。

此时，δ 影响到公共设施建设企业的改善质量的努力投入。当 δ 比较小时，即改善质量的努力对总成本的影响较小，此时的外部性就较小。在一体化时，此时结果与前文相同。

结论 3：当公共设施的建设者改善质量的努力对公共设施的总成本具有正的外部性，此时一体化优于非一体化。

(二) 质量激励

假设质量的改善取决于建设企业改善质量的努力投资和不确定性，其函数形式为：

$$q = a + \varepsilon \tag{4-8}$$

a 代表建设企业改善质量的努力投入，投入越大，质量水平越高，ε 是一个随机变量，代表企业在生产过程中可能会遇到不确定性因素，其服从正态分布，均值为 0，方差为 σ_ε^2，此时把公共设施的建设函数写为 $t_B(q) = -\alpha_B + \beta_B q$，$q$ 代表公共设施的质量。首先考虑在非一体化情形下，公共设施建设企业的收益最大化约束满足：

$$\max_a t_B(q) = -\alpha_B + \beta_B(a+\varepsilon') - \frac{a^2}{2} \qquad (4-9)$$

解其一阶条件得：$a = \beta_B$。

公共设施运营企业的收益：

$$\max_e t(C) = \alpha - \beta(\theta_0 - e - \delta a + \varepsilon) - \frac{e^2}{2} \qquad (4-10)$$

解其一阶条件得：$e = \beta$。

上述结论含义明确，虽然质量变化与公共设施建设企业的收益相关，但是与公共设施的运营者无关，此时能够提高公共设施建设者的激励，但是不改变公共设施运营者的激励。

在一体化时，私营集团的共同利润最大化满足以下约束：

$$\max_{a,e} = -\alpha_B + \beta_B a + \alpha - \beta(\theta_0 - e) - \frac{e^2}{2} - \frac{a^2}{2} - \frac{r\sigma^2\beta_B^2}{2} - \frac{r\sigma^2\beta^2}{2} + \beta\delta a \qquad (4-11)$$

解其一阶条件得：$a = \beta_B + \delta\beta$，$e = \beta$。

可以看出，公共设施的运营企业的激励没有发生改变与非一体化一致，此时公共设施的建设企业的激励发生变化，政府可以给予其高的改善质量的激励。但是需要给予其更多风险补偿 $\dfrac{r\sigma^2\beta_B^2}{2}$。

结论4：当契约可以事前明确运营成本，质量改善可以测度和质量改善具有正的外部性时，一体化优于非一体化。

(三) 剩余索取权和产权

从前文分析可知，通常情形下，当改善质量的努力投入能够降低公共设施运用者的成本时，一体化优于非一体化。但当质量改善的努力投入会增加公共设施建设者成本时，质量改善的投入将会最小，此时一体化没有任何意义。PPP 理论与传统的契约理论存在区别，需要找出在哪种情形下，非一体化优于一体化。本书接下来将分析关于公共设施的产权安排对其最优努力投入的影响。经典不完全契约理论假设认为，政府首先从私营部门购买该资产，其次把该资产交给另一个私营企业运营，或者自己运营。公共设施的产权安排会引出另一个问题，那就是最终剩余索取权。剩余索取权又取决于该项资产的专用程度，资产专用性程度决定最终剩余索取权的高低。当然，资产质量的本身高低也会影响其价值，如果最初的公共设施的建设者拥有该项公共设施的最终所有权，那么该企业必然会在第一期做改善质量的努力。

公共设施的所有权决定最终的剩余索取权的归属，所有权赋予所有者最终可以获得这些资产的市场价值。如果公共设施的建设者拥有最终所有权，那么在第一期，他将更加关注产品的质量，因为公共设施的质量高低将决定未来其市场价值的高低，此时他将可能在第一期做出改善质量的投入。那么，在所有权发生变化的情形下，公共设施的建设者的激励会如何变化呢？

本书假设 sa，$s>0$ 表示如果这项设施最终所有权归政府所有；γsa，$\gamma<1$ 表示如果这项实施最终所有权归私营企业所有。根据经典的不完全契约理论，资产的剩余索取权事前是无法确定的，只能在事后确定。γ 代表资产的专用性程度，γ 越大代表资产的专用性程度越低。$\gamma<1$ 代表这项资产最终属于政府所有是最优的，这项资产的最终收益是私有化和 PPP 理论的主要区别。

分析最优条件下的解：

$$\max_{a,e} B-C-\varphi(a)-\psi(e) = b_0+ba+sa-\theta_0+e+\delta a-\varepsilon-\frac{a^2}{2}-\frac{e^2}{2} \qquad (4-12)$$

解一阶条件得：$a^{FB}=s+b+\delta$，$e^{FB}=1$。

假设这项资产最终归政府拥有，当期初 a 改善质量的努力无法写入契约时，此时私营企业缺乏改善质量的激励，那么无论是在有约束还是在无约束条件下，改善质量与降低成本的努力都与前文一致，没有发生改变。如果这项公共设施的最终所有权发生变化，则这项设施最终的剩余索取权属于私营企业。如果这项资产的剩余索取权归政府所有收益更高，那么私营企业将会把资产卖给政府，这项设施的价格为 p^*，价格是双方根据纳什讨价还价得出，满足双方收益最大：

$$\max_{p}(sa-p)(p-\gamma sa) \qquad (4-13)$$

解一阶条件得：$p^* = \frac{(1+\gamma)}{2}sa$。

私营企业获得净收益 $\frac{(1-\gamma)}{2}sa$，此时私营企业收益函数是其改善质量的增函数，那么在期初建设公共设施时，如果其改善质量投入越高，那么净收益越高。此外，资产的专用性也会影响到私营企业净收益的高低，资产专用程度越高，事后的收益越低，资产专用性越低，事后收益越大。

本书还需要考虑一体化和非一体化的不同。在非一体化时，所有权属于公共设施的建设者，此时的建设者最优努力为：

$$a_u^{pr} = \frac{(1-\gamma)}{2}s$$

公共设施的运营者的最优努力为：

$$e_u^{pr} = \frac{1}{1+r\sigma^2}$$

在一体化时，最优努力将会发生变化：

$$\max_{a,e} \frac{(1-\gamma)}{2}sa + \alpha - \beta(\theta_0 - e - \delta a) - \frac{e^2}{2} - \frac{a^2}{2} \tag{4-14}$$

解一阶条件得：$a_b^{pr} = \frac{(1-\gamma)}{2}s + \beta\delta$，$e_b^{pr} = \beta$。

结论 5：当存在资产专用性时，私营拥有产权优于政府所有，原因是它鼓励私营建设者建设更多的改善质量的努力。

（四）需求风险

对于 PPP 理论的一个批评就是对于政府和契约签订者公共服务的需求风险的分担的分析不足。通常存在三种支付机制：最终使用用户支付、支付后使用、政府补偿支付。在只对用户收费为基础的付款机制，承建商收到直接通过对基础设施的最终用户收费的收入，并承担所有风险的需求。相反，在付款机制的基础上使用，政府收集用户费，然后将单一的支付给承包商。需求风险的分配取决于付款与实际使用水平之间的关系。基于可用性的付款机制，政府奖励为承办商建设服务，但支付是独立于服务的实际使用情况，政府保留所有需求的风险。假设消费者对公共服务的需求在价格 p_0 是无弹性的，我们给出其需求函数：

$$D(p) = \begin{cases} d_0 + a + \eta & \text{IF } p \leq p_0 \\ 0 & \text{IF } p > p_0 \end{cases} \tag{4-15}$$

η 是一个随机变量，其服从正态分布，均值为 0，方差为 σ^2，a 表示公共服务需要投入的努力，在价格等于 p_0 时，企业可以获得所有的消费者剩余，因此它的预期利润为：

$$E_\eta(R) = p_0 E_\eta(\max\{d_0 + a + \eta, \ 0\}) \approx p_0(d_0 + a)$$

为简单起见，假设公共服务的边际成本为 0。线性的支付机制满足 $t(R) = \alpha + \beta R$，α 固定收益与其投入努力不相关。系数 β 表示企业获得收益，$1-\beta$ 表示政府获得收益。当 $\alpha = 0$，$\beta = 1$ 时，企业承担风险，并且没有保险。当 $\alpha > 0$，$\beta = 0$ 时，企业获得固定收益，政府承担所有风险。企业此时预期它的效用最大化：

$$\max_{a} \alpha + \beta p_0(d_0+a) - \frac{a^2}{2} - \frac{r\sigma^2\beta^2 p_0^2}{2} \tag{4-16}$$

解一阶条件得：$a=\beta p_0$。

结论6：当需求的风险较小时，最优的支付机制是用户支付；当需求的不确定性比较大时，最优的支付机制是政府补偿使用。

（五）金融约束

当私营企业建设公共服务时，政府部门会支付给私营部门一定的收益，但是通常政府不是一次性支付私营企业的成本，政府可以让私营企业向居民收取服务费用，但被限制在一定时期内，通常在契约中限定收费时间，契约终止后，政府拥有该公共设施所有权。那么此时，收费时间的长短将会影响到企业的前期投资。假设私营企业在契约约定的时期 T 内对最终用户收取使用费用，政府不补贴私营企业，契约时间决定私营企业收益的高低。

考虑到时间的约束，此时私营企业的收益函数的形式将发生改变，此时企业的改善质量的 a 满足下面约束：

$$\max E_{\eta}\left\{ u\left[-I - \frac{a^2}{2} + \int_0^T p_0(d_0 + a + \eta)\exp(-\rho t)\mathrm{d}t \right] \right\}$$

$$= u\left\{ -I - \frac{a^2}{2} + [1-\exp(-\rho T)]p_0(d_0+a) - \frac{r\sigma^2}{2}[1-\exp(-\rho T)]^2 p_0^2 \right\} \tag{4-17}$$

解最优条件得：$a=[1-\exp(-\rho t)]p_0$。

显然，契约履行时间越长，私营企业改善质量投入越高。此时政府改变其收益分享原则在没有时间约束条件下，政府与私营企业共同分享公共服务的收益，此时私营企业被允许首先获得投资收益，但通过契约来约束其获得收益的时间。投资约束满足：

$$[1-\exp(-\rho T)]p_0(d_0+a) - \frac{a^2}{2} - \frac{r\sigma^2}{2}[1-\exp(-\rho T)]^2 p_0^2 \geqslant I \tag{4-18}$$

当政府不能采取一次性付款直接投资时，则条件对应于标准拉姆齐盈亏平衡约束。假设式（4-18）的投资约束满足松弛条件，解得：

$$a^{SB} = \frac{p_0}{1+r\sigma^2} = [1-\exp(-\rho T)]p_0$$

从上述条件不难解得政府对私营企业的最优时间约束满足：

$$T^{SB} = \frac{1}{\rho}\ln\left(1+\frac{1}{r\sigma^2}\right)$$

当需求风险和风险规避系数增加时，将会降低私营投资激励，政府给予风险补偿增加从而导致契约时间缩短。

结论 7：如果公共服务建设与运营时一体化，那么契约履行时间与未来的不确定性 σ^2 负相关，与消费者的支付价格 p_0 正相关。

三、主要结论

研究结果表明，相对于完全由政府主导建设公共服务，公私合营方式可能产生显著的成本优势；同时公共设施的风险又会被有效地转移到私营企业，这样又能提高效率。概括为以下两个结论：①一体化的优势。当质量改善的努力投入能够降低运营公共成本时，在一体化形式下，私营集团在建造公共设施时，因改善质量的努力投入而增加的成本，可以在运营公共实施时得到补偿，企业在初始阶段可能愿意投入改善质量努力。当契约可以事前明确运营成本，接近于完全契约，质量改善可以测度和质量改善具有正的外部性时，一体化优于非一体化。②关于风险的安排。当面临市场需求的风险较小时，最优的支付机制是用户支付；当需求的不确定性比较大时，最优的支付机制是政府补偿使用。契约履行时间与未来的不确定性负相关，与消费者的支付价格正相关。关于产权的影响，在存在资产专用性时，私营拥有产权优于政府所有，原因是其鼓励私营建设者建设更多的改善质量的努力。在公私合营理论框架下，契约履行期间基础设施的所有权属于私营企业，一旦契约到期后，根据不同的环境来决定其最终归宿。当这些公共设施的建设的公共服务没有替代选择或居民需要继续建设服务时（如学校和医院），那么此时公共设施为政府所有是最优的。与上述需要长期建设公共服务的部门相比，其他公共部门若没有明确需要长期为居民建设公共服务的必要，那么所有权由私营部门的所有权拥有则是最优的。

第一，当高质量的公共设施能够提高社会效益，但又对于总成本带来负面影响时，PPP 的适用性将减少甚至无法适用。第二，若政府和私营企业的契约是长期的，那么显然我们认为一体化的好处要优于非一体化。然而，一体化的合同通常也会产生负面影响，国外有多项证据表明，PPP 项目的特点是一个较长的竞标流程、比传统采购招标更高的成本和交易费用的增加。项目不同环节一体化会明显增加项目的复杂性和限制有金融约束的小企业参与，限制的竞争更易带来腐败。第三，在本书的基本模型中，已经谈到只有三个任务：建设、融资和运行。在实践中，公共服务项目通常包括更广泛的任务，如运作阶段的服务包括软管理服务（清洁、餐饮、安全）和硬管理服务（常规或生命周期维护建筑物和设备）。

第四节　本章小结

　　本章从交易部门与非交易部门的视角下测算了 1990~2015 年我国第一、第二、第三产业交易费用，构建了交易效率指标体系，并计算出相应指数。从微观上来看，单位交易费用逐年降低，即交易效率不断上升。1990~2015 年的证据表明，交易效率对于经济增长的贡献十分明显，这证明了前面的理论——单位交易费用的降低能够促进经济的增长。烦琐的机构、不清的职责、销售地与生产地的距离都会增加交易所用的各种费用，从而减少交易利润。实证证明了交通业的发展、金融服务的提升，以及开放的态度、人才的增加、政府办事效率的增加会极大地增加交易效率，更多的因素同样对交易效率产生影响，从而可以进一步研究交易效率与经济发展之间的关系，本书对交易效率指标的检测假设只是一次尝试。

第五章　非市场交易费用与交易效率

第一节　非市场交易费用

一、非市场交易费用的内涵

非市场交易费用（Non-marketed Transaction Costs）是指交易过程中投入的资源费用，这些费用难以用货币衡量，但是这些费用对交易产生重要影响，甚至决定哪些交易可能会发生，哪些交易不会发生。正如科斯所强调的交易费用不仅影响契约签订、安排，还会影响契约实施过程，也就是交易费用高低决定哪些交易会发生，并影响契约的执行和监督成本。市场经济活动的交易所消耗资源并非全部能从统计数据中获得，有些交易费用难以直接观察，如时间成本、程序响应、政府规制、信贷配额等。Wang（2004）指出，威廉姆森的交易费用经济学关注的是市场交易费用，这是由于经济发达国家的市场交易费用规模较大，而非市场交易费用规模相对较少。对于发展中国家来说，非市场交易费用的规模可能会远远高于发达国家，要研究发展中国家的交易费用，应该关注非市场交易费用的规模及对经济增长的影响。非市场交易费用与政府行为、产业政策、法律法规、运行效率和政府公务人员素质相关，影响交易双方的预期行为。非市场交易费用比市场交易费用更隐蔽、更广泛、更普遍，常被用来衡量一个国家市场运行环境，如营商环境常被用来衡量政府规制的强弱。非市场交易费用测度方法包括进入规制、要素规制、司法规制等，这些都被用来衡量政府对市场干预的效率。

二、非市场交易费用的测算

2004 年，世界银行营商环境小组（Doing Business）开始对全球各国的市场进入规制详细分析，每年发布《营商环境报告》，该报告记录全球 10 个领域中实施的 294 项商业监管改革，报告全面捕捉了全球不同经济体的政府规制如何对商业活动产生促进和阻碍作用。《2020 营商环境报告》指出，改善最为显著的经济体是中国、沙特阿拉伯、约旦等经济体，原因是这些经济体实施全球范围内记录的 20% 左右的改革，这些改革旨在降低或消除商业进入壁垒，提升企业的经济活动水平。非市场交易费用的测算方法是在一个国家（或地区）开办或运营一家企业，官方正式要求的所有手续，完成全部手续花费时间和费用。其中 4 个主要指标：新办企业的注册程序（Procedures）、注册时间（Time）、注册资本（Cost）和实缴资本下限（Paid-in Min）。2020 年，这个调研已经覆盖了世界上 190 个经济体，建立了比较完整的全球进入规制数据库。调查数据表明，经济发展水平与规制强度成反方向变化，规制越多的国家或地区经济越不发达，规制越少的国家或地区的经济越发达，每个国家或地区都存在进入规制普遍，经济欠发达国家的规制更多。《营商环境报告》主要结论是政府可以通过放松市场规制，为企业提供优越的营商环境来促进本地区经济增长。《营商环境报告》的主要指标已被普遍作为衡量非市场交易费用的指标，表 5-1 通过分析主要指标的变化来反映国内市场非市场交易费用的变化。

表 5-1 2004~2019 年中国营商环境指标

年份	新办企业的注册程序（项）	注册时间（天）	注册资本（元）	注册资本（%）	实缴资本下限（%）
2004	12	46	1785	14.3	3855.9
2005	12	41	2083	14.5	1104.2
2006	13	48	2276	13.6	946.7
2007	13	35	1907	9.3	213.1
2008	13	35	2026	8.4	190.2
2009	14	40	2202	8.4	158.1
2010	14	37	1512	4.9	130.9
2011	14	38	1638	4.5	118.3
2012	14	38	1400	3.5	100.4

续表

年份	新办企业的注册程序（项）	注册时间（天）	注册资本（元）	注册资本（%）	实缴资本下限（%）
2013	13	33	920	2.1	85.7
2014	13	33	944	2	78.2
2015	11	31.4	452	0.9	0
2016	11	31.4	377	0.7	0
2017	9	28.7	417	0.7	0
2018	7	22.9	387	0.6	0
2019	4	8.6	283	0.4	0

资料来源：2005~2020 年的《营商环境报告》。

这里直接将 5 项指标作为我国的非市场交易费用的指标，5 项指标均为逆向指标，指标数越大表明政府规制越严，非市场的交易费用越高。2004~2012 年，新办企业注册程序指标从 12 项程序增加至 14 项，新企业进入市场面临着诸多限制，但注册所需时间显著下降，由 2004 年的 46 天降低到 2012 年的 38 天，原因可能是办理程序更复杂，导致新办企业程序增加。2019 年办理程序下降为 4 项，办理所需时间缩减至 8.6 天。

2004 年注册资本 1785 元，此后注册资本不断上升，2009 年上升至 2202 元，然后开始下降，2019 年仅为 283 元，比 2004 年下降 5.3 倍。实缴资本下线表示实缴资本占人均收入百分比，2004 年最低实缴资本时人均收入 38.6 倍，第二年开始逐年递减，2015 年全面取消实缴资本。总体来看，我国非市场交易费用呈现下降趋势，充分反映出政府逐步放松管制，构建亲情政商关系，打造优越营商环境。

2016 年《营商环境报告》的项目数据中，同样对中国 30 个城市的新办企业的注册程序（个）、时间（天）、注册资本（占人均国民收入的百分比）和实缴资本下限（占人均国民收入的百分比）进行收集，如表 5-2 所示。《营商环境报告》是以直辖市和省会城市作为样本，通过考察这些城市新企业注册的综合成本来反映政府规制的强度企业进入的影响。从表中发现新企业注册综合成本较低的地区，同样是经济发展水平较好的地区；反之，经济落后地区的新企业注册综合成本同样是排名相对靠后的，这证实了良好的经商环境、低门槛的进入壁垒利于新企业的进入，从而推动本地区的经济发展。

表 5-2　中国城市的新办企业综合成本

城市	程序（个）	时间（天）	成本（%）（占人均国民收入的百分比）	实缴资本下限（%）（占人均国民收入的百分比）
杭州	12	31	5.7	200
南京	12	31	5.8	200
广州	13	28	6.3	200
济南	13	33	6	200
上海	14	35	4.8	200
北京	14	37	3.2	200
福州	12	40	6.7	200
天津	14	41	3.7	200
沈阳	14	41	6	200
长春	14	37	9.5	224.8
呼和浩特	14	48	7.9	200
郑州	13	41	11.6	267
海口	13	38	12.1	273.2
乌鲁木齐	13	44	9	230.2
武汉	13	36	13.6	300.8
石家庄	14	42	9.8	202.5
重庆	14	39	9.5	273.3
哈尔滨	14	42	11.9	207.9
成都	13	35	19.1	354.4
太原	14	55	9.3	243.5
南昌	14	40	14.6	317.8
长沙	14	42	14.6	289.4
昆明	14	42	13.9	383
西宁	14	51	12	298.7
西安	14	43	15.2	304.8
银川	14	55	12	335.8
合肥	14	42	19.4	349
南宁	14	46	16.5	342.4
兰州	14	47	14.1	408.7
贵阳	14	50	26.6	605.2

资料来源：http：//chinese.doingbusiness.org/。

第二节　交易效率

一、交易效率的概念

1776 年，亚当·斯密在《国富论》中解释了交易效率与分工的关系，指出交易效率直接影响分工演进水平。杨小凯（2003）提出溢出交易效率衡量方法，假设经济主体进行经济活动时，花费单位货币（1 元）购买商品，实际只得到了 m 单位商品（0≤m<1），那么 1-m 单位部分称为交易费用，而剩余 m 单位商品被称为交易效率。杨小凯（2003）认为，交易费用分为外生交易费用与内生交易费用，外生交易费用在交易过程中直接或间接发生，也可称为交易效率，是客观存在的实体费用，如运输成本、合约签订成本等；内生交易费用则包含道德风险、逆向选择、机会主义等，是需要以概率和期望值来度量的潜在损失可能性。一般情况下，交易费用与经济增长成正比关系，杨小凯（2003）认为，交易费用上升与经济增长可能是倒"U"形关系，随着经济总量的提升与分工的不断深化，最终内生交易费用与外生交易费用均呈现出增长的态势。因此，交易效率不仅与基础设施、金融市场、人才资本、运输技术、运输设备等有关，同时与政治制度、法律规范、道德约束等因素有密切关联。

二、交易效率的影响因素

交易效率的提出是一次思想上的巨大飞跃，克服了交易费用在分析国民经济发展问题时难以量化、难以操作的问题。基于以上分析，从基础设施、金融服务、贸易开放度、国内人才资本及制度建设五个方面对交易效率进行测度。

交易效率主要从资源配置效率方面降低交易费用，依据新经济地理学与新古典经济学的理论，运输技术、运输设备、基础设施对交易效率的提升至关重要，政治制度、地区开放度等对交易效率影响巨大，但是这些影响因素最终影响资源的配置效率，进而影响到交易效率。交易效率可以理解为资源配置效率，资源配置效率会受到基础设施建设、金融服务优劣、贸易开放程度、人才资源丰裕及国家制度的影响（见图 5-1）。

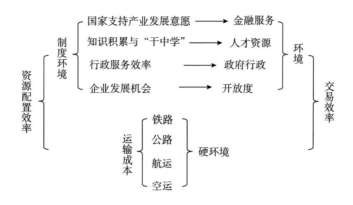

图 5-1　交易效率提高路径

基础设施等硬环境建设会影响企业进行交易活动的效率，良好的交通环境会减少交通运输成本，提高单位时间内交易量，帮助员工更快到达指定交易场所或将货物以更短的时间成本、运输成本送至指定地点。丰富的金融资源与优质的金融服务能够帮助中小型企业改善经营状况、解决融资难的问题，地区金融服务的优劣也能够反映出国家金融基础性制度完备状况。提升贸易开放水平能够打破市场的壁垒，实现要素与资源的自由流动，这给企业带来了巨大的成长机会，开放的环境能够增加国内外企业的商业交流，对于提升国内企业的经营方式创新与技术创新都有着实际意义，产品创新或制度创新能够极大地提升交易效率，降低交易费用。加大教育投入能够增加人力资本存量，提升劳动生产率，人才资源的优劣影响企业项目进行效率，甚至关系到企业生存，优质的人才资源能够提高企业、政府正常运行效率，减少时间成本，减少可能出现工作失误的概率，知识的积累无疑能够长期提高交易效率，形成"干中学"的氛围，从而提升技术创新能力，促进交易效率的不断提升。量化制度影响为国内行政管理费用与政府财政支出，完善的制度与行政效率影响交易效率，行政管理费用能够反映出我国制度的优越程度与政府行政效率的高低，在这里行政管理费用是一项负向指标，费用越大，表明政府行政效率越低，交易效率越低。

三、交易效率评价指数体系构建

利用正向化、标准化、正规化、平均化，以及主成分分析法的方法计算历年交易效率。确定各项二级指标的分数，将负向指标正向化处理，各指标进行数据正规化处理，即将单项指标年度数据除以平均值，使其成为均值为 1 的指标。将数据进行标准化处理使其成为均值为 0 和方差为 1 的标准化指标，对于正向指标处理公式为：

$$Y=(X-\min X)/(\max-\min) \tag{5-1}$$

其中，X 为原始指标，Y 为标准化之后的指标。对于负向指标则进行：

$$Y=(\max X-X)/(\max-\min) \tag{5-2}$$

消除不同单位的影响，负向指标仅有行政管理费用占预算支出比例。借鉴杨肃昌等（2012）的做法求得各项指标的权重，利用主成分分析法确定二级指标的权重，为避免主观因素的干扰，赋予各综合指标客观性，权重指数如表 5-3 所示。将正规化的数据乘以各自的权重，求得各项二级指标的得分。对各项一级指标下的二级指标得分进行简单平均，求得各项一级指标的指标数值。重复计算权重的方法，利用主成分分析法计算一级指标权重，将得分乘以权重即得到一级指标得分，将其简单平局化，即可获得年度交易效率得分指标。

表 5-3 交易效率指数测评体系构建

一级指标	权重	二级指标	权重
基础设施建设	0.2087	铁路里程	0.4544
		公路里程	0.4297
		内河航道里程	0.4604
		航班航线里程	0.4552
金融服务	0.2105	金融从业人数/全国人口	0.4662
		金融机构贷款余额占 GDP 比重	0.4153
贸易开放度	0.1816	进出口额占 GDP 比重	0.3591
		实际利用外资占 GDP 比重	0.4120
教育质量	0.2114	全国研究生毕业数	0.4566
		全国高等学校学生毕业数	0.4416
		教育支出占 GDP 比重	0.4604
政府规模	0.1879	行政管理费用占预算支出比例	0.3195
		财政支出占 GDP 比重	0.4316

在用主成分回归法计算指标权重时，设定行政管理费用指标权重为负值，理由是政府干预市场程度越深，经济增长速度下降，行政管理费用被认为是政府干

预市场的指标。实际利用外资占 GDP 的比重指标是正向指标，若某一地区政府过度干预市场运行，则可能出现政府效率为负，最终影响一级指标政府行政效率的权重，为了使指标合理化，这里采取逆向指标正向化的方法，将根据行政管理费用取倒数确定整体指标权重。

对于总指数和分项指数均进行了正常化处理，即使用式（5-3）进行转换。

$$Y = [(X-\min)/(\max-\min)] \times 100 \tag{5-3}$$

其中，X 为初始值，min 和 max 分别为该指标的最小值和最大值，Y 为最终值。据此获得的指数得分介于 0~100 分。

如表 5-4 所示，总体上我国交易效率逐年提升，1990 年为 10.2 分，2015 年为 80.2 分，主要原因是多重因素的累积效应导致交易效率提升，例如，良好基础设施、市场化改革、服务快速增长等，2001 年后交易效率的增幅上升，原因可能是中国于 2001 年加入 WTO，对外开放水平进一步提升，面临国内和国外两个市场，进出口总额大幅度上升。1990~2015 年，全国交易效率平均指数为 37.99 分，截至 2017 年底，我国高速公路里程、高铁运营长度已经是世界第一大国，便利的交通基础设施极大地提升了物流运输效率，便于资源和要素的充分流动，降低了物流成本，节省了交易时间，提升了交易效率。金融业发展迅速，现代金融网，金融调控和货币融通网，金融监管协调网和资金流动安全网、金融市场网，统一的企业个人信用信息网，"银证""银保""证保"协作网等信息网络建设完善，提升了资本市场的交易效率。商事制度、营商环境改善、行政审批改革降低企业的非市场交易费用。高等教育扩招，劳动力受教育水平提高，劳动生产效率大幅度提升。上述这些因素极大提高了交易效率，降低了微观主体的交易费用。

表 5-4　交易效率分项指标与总分

年份	基础设施	金融服务	贸易开放度	教育质量	政府规模	总分
1990	5.3	7.2	5.0	4.5	6.9	10.2
1991	5.3	7.6	5.4	4.4	7.2	12.0
1992	5.6	7.6	6.6	4.1	7.2	15.1
1993	5.7	7.8	9.0	3.8	6.9	17.3
1994	5.7	7.2	11.2	3.8	6.7	21.6
1995	6.0	7.4	9.8	4.0	6.8	20.0

年份	基础设施	金融服务	贸易开放度	教育质量	政府规模	总分
1996	6.1	7.7	9.2	4.2	6.7	20.0
1997	6.3	8.1	9.6	4.3	6.7	20.9
1998	6.5	8.5	8.4	4.3	6.6	20.9
1999	6.7	8.8	7.6	4.6	6.4	22.9
2000	7.1	8.1	8.1	4.8	6.1	21.0
2001	7.5	8.7	6.8	5.3	6.1	26.5
2002	7.7	9.0	7.1	5.9	6.2	30.3
2003	7.9	9.5	7.4	6.9	6.2	34.2
2004	8.3	9.3	7.9	8.1	6.1	34.7
2005	9.6	9.1	7.7	9.4	6.2	35.8
2006	9.8	9.1	7.5	11.4	6.3	43.5
2007	10.2	9.1	7.0	13.2	6.4	52.3
2008	10.4	9.4	6.5	14.6	6.8	53.7
2009	10.7	10.6	5.2	15.5	7.7	58.8
2010	11.3	10.9	5.7	16.2	8.1	60.7
2011	12.1	11.2	5.4	17.5	8.3	65.7
2012	12.2	11.7	4.9	19.0	8.4	68.6
2013	13.2	12.0	4.7	19.4	8.5	69.7
2014	14.0	12.3	4.3	19.6	8.7	71.2
2015	14.9	13.2	3.9	20.2	9.4	80.2

资料来源：历年的《中国统计年鉴》。

　　如表5-5所示，东部地区、中部地区与西部地区的交易效率均在不断提升，其中中部地区增幅最大，1990年中部地区的交易效率指数仅为10.37，2015年交易效率指数就达到84.60，年均增幅18.6%。东部地区交易效率平均涨幅11.65%，中部地区年均增长10.5%，西部地区年均增长6.9%。相较于1990年，东部、中部与西部地区交易效率均有很大的提升，西部地区增长幅度较小，增长速度慢于东部与中部地区。一方面，西部地区交通区位优势不如东中部地区，公路、铁路等基础设施的完备程度落于其他地区；另一方面，工业化、服务业发展水平同样滞后于东部地区，市场化水平也低于中部和东部地区。

表5-5 东部、中部、西部地区的交易效率比较

年份	东部地区	中部地区	西部地区
1990	10.19	10.37	10.19
1991	11.06	13.18	12.07
1992	13.25	16.73	15.93
1993	15.68	19.10	17.70
1994	21.15	24.12	19.98
1995	20.00	19.52	20.52
1996	21.31	20.35	18.08
1997	22.35	22.10	18.19
1998	22.42	22.04	18.16
1999	24.44	24.28	19.89
2000	21.77	19.55	21.38
2001	26.22	25.51	27.54
2002	30.95	29.32	30.39
2003	36.09	33.64	32.35
2004	37.55	33.07	32.51
2005	38.55	33.79	34.08
2006	45.52	45.12	39.77
2007	55.73	54.89	46.00
2008	55.85	58.63	47.24
2009	60.96	63.15	52.75
2010	63.23	63.29	55.70
2011	68.78	66.33	61.42
2012	69.90	71.67	64.64
2013	70.67	73.56	65.47
2014	70.17	76.62	68.28
2015	81.45	84.60	75.26

第三节　交易效率与非市场交易费用

《资本主义经济制度》一书中指出，非市场交易费用难以被直接测量，如测算三大产业的市场非交易费用，主要通过人才素质与技能水平、办理业务的过程复杂与否及时长等间接反映出来。非市场交易费用主要测算跨过市场门槛前所经历必需步骤的时间长短、程序的多少和制度复杂程度。交易效率影响跨过市场门槛前的过程中，交易效率与非市场交易费用存在一定的相关性。交易效率的提高可能会降低非市场交易费用，但是非市场交易费用的提高有可能会降低交易效率，也有可能提高交易效率。

一、交易效率降低单位非市场交易费用的路径

交易效率降低非市场交易费用的路径是降低时间成本与制度成本。政府办公人员的行政效率决定企业办理业务的速度，行政程序繁杂决定市场主体之间交易的复杂度，行政制度决定办理业务的效率，良好的商事制度，如服务政务一体化建设、企业开办一日办结等公共服务，在很大程度上精简流程、减少时间成本与制度性成本，反之，会增加时间成本推迟了企业进入市场的时间。困难面前会有投机者出现，通过贿赂、托熟人办事等非正式方法达到目的，一旦成形，企业进入市场的非市场交易费用会大幅度提高。优质的金融服务助力企业迈过进入市场门槛，《2019 中国小微企业融资研究报告》显示，2017 年底，我国中小企业贡献了全国 50% 的税收、60% 的 GDP、70% 的技术创新、80% 的城镇就业。中央政府要求银行助力中小型企业发展，为其提供优质的金融服务，解决融资难的问题，在制度性成本上减少非市场交易费用。高质量的人才资源则是一剂催化剂，政府、金融、企业等公务人员认知与技能提升后，能够有效提高服务水平，提高办事效率从而减少非市场交易费用。良好的基础设施建设会极大减少非市场交易费用，基础设施增加了单位时间考察者与投资者与当地经济主体交流的次数，在一定程度上降低了交易费用。

二、非市场交易费用与交易效率的关联

在多数情况下，非市场交易费用对低自然进入障碍企业影响巨大，如劳动密集型企业，对高自然进入障碍企业，如资本密集型和技术复杂型企业则几乎没有影响。首先，假设企业在准备进入市场前会进行一系列的考察，如当地政务环境、交通环境、人力资源环境、劳动力环境及金融环境等，如果区域内的非市场交易费用过高，那么将会产生两种可能性，一是企业选择放弃，造成事前搜寻信息的沉没，二是在进入下一次考察之前也会有一段时间的空窗期，这两部分时间被考虑到进入市场前的费用中，整体交易效率便会降低。其次，非市场交易费用导致企业前期的投入过高，影响到后期的市场生产、运输、销售和售后，整个生产环节的交易效率都受到影响。最后，当非市场交易费用过高时，交易双方在进行交易活动时面临的不确定性将上升，不仅要考虑所消耗的时间、资金等沉没成本，而且事前交易的投入增加，反复比较交易对象等前期工作增加、降低了事前的交易效率。非市场交易费用过高意味着政府行为、产业政策、法律法规、运行效率和政府公务人员素质有待进一步改善，影响政策的合规实施、法律的公平执行、机构的运行效率，对政府产生的负外部性。

综上所述，制度性与生产性交易效率的提高能够降低时间成本与制度性成本，从而降低非市场交易费用，降低非市场交易费用也能提高资源利用率、减少资源的浪费以及拓宽市场进入通道。从局部来看，非市场交易费用的提高有利于部分投机者提高个人的交易效率，但是破坏了整体交易效率，导致交易效率分布断层的现象。非市场交易费用的增加从局部提高了交易效率。所有的经济主体都是理性的，奉行利润最大化原则，以最小的成本获取最大的利润。当发现进入市场困难时，便会有部分投机者出现，通过贿赂手段降低进入市场的门槛，利用非正规途径获取进入便捷的渠道，享受优惠的政策，降低了市场准入的成本，这对于部分投机者而言降低了个人的非市场交易费用，提升了交易效率，通过破坏规则的办法获得了进入市场的通行证。但是这种局部的提高行为恰恰是破坏整体交易效率的原因之一。当企业面临进入市场的通道狭窄时，部分具有一定政治与经济力量的经济主体便会获得优先权，从而将弱者排除在通道之外。大量实证研究结果表明，进入规制严苛的国家，腐败更为严重，非正规经济、地下经济、黑市经济等现象更为严重，这些不合法的经济模式侵蚀正规经济的生存空间。

第四节　专业化水平、交易效率与地区经济增长

一、专业化与经济增长

"斯密定理"认为分工是经济增长的关键因素。分工演进取决于交易费用的高低，交易费用的高低决定市场交易是趋向自给自足还是专业化分工（杨小凯，1997）。当交易收益被交易成本完全耗尽时，专业化分工的边界也被确定。既然交易费用是通过市场分工来影响经济增长的，那么交易费用与经济增长之间是否存在内在关联呢？目前，有关制度变迁与经济增长关系的研究（杨小凯等，1999）认为制度变迁先于经济增长，制度变迁是经济增长的关键变量，大多文献把制度作为外生变量，考虑到既定制度决定交易费用，那么交易费用对经济增长有关键性影响。经济社会是一个由众多经济主体、制度安排和自然环境及其之间的相互关系所组成的复杂系统，因此必须以某种方式对概念进行组织以构建经济学的分析框架（杨小凯等，1999）。

现有专业化与经济增长研究主要集中在专业化、多样化对我国地区增长的影响。傅十和和洪俊杰（2008）利用制造业企业普查数据检验了不同规模的企业在不同规模的城市中得益于何种类型的专业化经济。任晶和杨青山（2008）研究了城市产业集聚中的知识溢出效应，城市产业多样化有利于创新思想的产生和知识溢出，进而促进了城市增长。宋德勇等（2015）利用地级市数据研究城市专业化和多样化特征及其对集聚经济的影响，研究结果显示，多样化更能促进经济集聚，专业化与城市集聚相关性较弱。薄文广和殷广卫（2017）利用我国各省份产业的面板数据研究了外部性对于地区产业增长的影响，当多样化程度较低时，多样化不利于产业增长，而当多样化水平较高时，多样化则会促进产业增长。

潘峰华和贺灿飞（2010）用地级市及以上城市的两位数制造业数据对动态外部性进行的实证研究同样发现了这种非线性关系，即多样化程度只有达到较高水平之后才会显著促进产业增长，但与薄文广和殷广卫（2017）不同，该研究认为产业专业化在一定程度上可以促进产业增长，只是当专业化超过一定水平之后才对增长产生不利影响。上述实证结果均不同程度支持多样化对我国城市产业发展

和经济增长的积极作用，然而得到了截然不同的结论，苏红键和赵坚（2011）将职能专业化纳入对我国城市产业的分析，他们的研究结果表明，中国城市产业专业化和职能专业化水平都比较低，但有逐步提高的趋势，并且两类专业化水平均体现出对知识溢出和城市经济增长的非线性关系；尽管专业化的贡献存在一个极大临界值，但从我国城市现阶段的发展水平来看，进一步提高专业化水平更有利于促进经济增长。部分学者讨论产业多样化如何影响企业发展和就业增长。一个拥有众多不同产业的城市，其产业的长期增长速度往往越快，产业的多样化推动了城市的经济增长。城市产业多样化既能促进企业成长，也能促进就业增长，对高技术产业尤为如此。

二、专业化测度

（一）专业化测度方法及指标构造

对我国城市层面专业化程度进行测量，主要使用除西藏自治区以外的 30 个省份中的 18 个行业城市省级层面数据，包括 1990~2015 年城市就业人数、城市分行业就业人数及全国分行业就业人数等。考虑到第一产业在城市所占比例很低，第二、第三产业主要分布于城市地区，因此对专业化指标的计算排除了农、林、牧、渔业。在对行业数据进行采集时，发现自 1987 年《国民经济行业分类》发布以来进行了 4 次修订，分别是 1994 年、2002 年、2011 年和 2017 年，其中 1994 年修订调整程度最大，门类由 13 个增加为 16 个，2002 年最终确定 20 个门类并延续至今。

参考《中国统计年鉴》细分行业标准发现，1990~1992 年国民经济行业未列出采掘行业与电力、热力、燃气和水的生产和供应业，因此合并两个行业从业人员与制造业。2000 年国内城市开始以拨号的方式上网，2003 年国内居民开始以宽带的形式上网，结合 2003 年后信息传输、计算机服务和软件业开始加入《国民经济行业分类》中，因此假定信息传输、计算机服务和软件业从业人数与邮政业合并。

依据 1990~1992 年细分国民经济行业分类，将水利部门与公用事业部门从农、林、牧、渔服务业和房地产管理、公用事业、居民服务和咨询服务业中取出，组成水利、环境和公共设施管理业，将仓储业从商业、公共饮食业、物资供销和仓储业中取出与交通运输、邮电通信业组成交通运输、仓储和邮政业，将居民服务业和其他服务业从房地产管理、公用事业、居民服务和咨询服务业中取出组成单个部门，租赁和商务服务数据为房地产管理、公用事业、居民服务和咨询服务业排除房地产管理、公用事业和居民服务。公共管理和社会组织为国家机关、政党机关和社会团体从业人数加上其他从业人数之和。行业组合主要是将水利管理和公共设施服务业分别从地质勘查业、水利管理业和社会服务中取出组成水利管理和公共管理业，地质勘查业与科学研究和综合技术服务事业组成科研和地质管理，公共管理和社会组织为国家机关、政党机关和社会团体从业人数加上其他从业人数之和。

如表5-6所示，最终使用2002年修订的《国民经济行业分类》，排除农、林、牧、渔业与国际组织两大门类，选择以下18个门类测算我国城市专业化指数及其变化趋势。

表5-6　行业分类

序号	行业	序号	行业
1	采矿业	10	房地产业
2	制造业	11	租赁和商务服务业
3	电力、热力、燃气及水的生产和供应业	12	科学研究、技术服务和地质勘查业
4	建筑业	13	水利、环境和公共设施管理业
5	交通运输、仓储和邮政业	14	居民服务和其他服务业
6	信息传输、计算机服务和软件业	15	教育
7	批发和零售业	16	卫生、社会保障和社会福利业
8	住宿和餐饮业	17	文化、体育和娱乐业
9	金融业	18	公共管理和社会组织

（二）专业化测度指标解释

测度地区专业化的指标包括总体度量指标、绝对度量指标和相对度量指标。绝对度量指标主要单独考察特定地区的专业化水平，相对度量指标则用于不同地区之间专业化水平的比较及其生产结构差异的衡量，总体度量指标则注重考察一个国家（或地区）的地区专业化总体水平或平均水平。目前，学界常用的绝对度量指标包括赫芬达尔专业化指数、区位熵指数和地区专业化产业集中度指数等；较为常用的相对度量指标包括贸易指标、绝对专业化指数和相对专业化指数、区位熵、克鲁格曼专业化指数等；较为常用的总体度量指标包括加权克鲁格

曼指数等。本书采用总体度量和相对度量的方法对中国地区专业化水平进行综合
刻画，主要基于以下考虑：地区生产结构差异与专业化部门发展是地区专业化这
一问题的两个方面，大多数指标侧重于对地区生产结构专业化的度量，区位熵指
数虽然有助于对专业化部门的识别，但与大多数指标一样，它无法反映某地区专
业化部门在全国生产体系中的相对重要性。此外，国内学界鲜有关于中国地区专
业化总体度量的研究。于是，本书一方面运用全域专业化指数衡量中国地区专业
化的总体水平；另一方面运用克鲁格曼专业化测度方法及全地区专业化综合实
力，以较为全面地分析中国地区专业化与经济发展的动态关系。

使用克鲁格曼专业化指标来计算我国 29 个省份（不含港澳台地区）专业化
指数进行实证分析。

$$SP_i = \sum_{j=1}^{m} \left| s_{ij} - \overline{s_{ij}} \right| \tag{5-4}$$

其中，SP_i 为地区专业化水平，$s_{ij} = \dfrac{X_{ij}}{\sum\limits_{j=1}^{m} X_{ij}}$ 为 j 产业在 i 地区所占就业比重，

X_{ij} 为 j 产业在 i 地区的就业人数，$\overline{s_{ij}} = \sum\limits_{k \neq i} X_{ij} \Big/ \sum\limits_{k \neq i} \sum\limits_{j=1}^{m} X_{kj}$ 为 j 产业在地区以外其他
所有地区所占就业比重。

依据克鲁格曼专业化指标计算方法，得到如图 5-2、图 5-3 和图 5-4 所示的
结果。

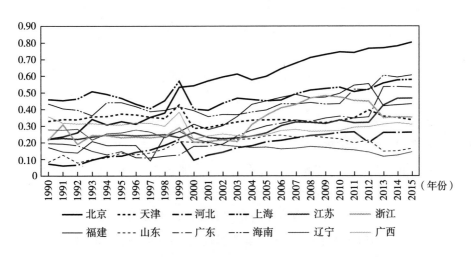

图 5-2　东部地区的专业化指数

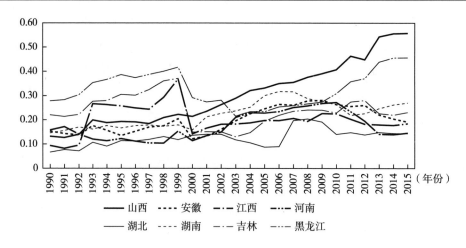

图 5-3　中部地区的专业化指数

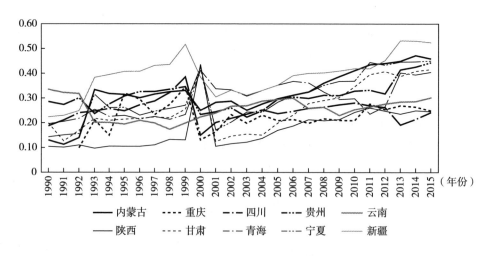

图 5-4　西部地区的专业化指数

　　整体来看，所有地区的专业化指数呈上升趋势，但部分省份的专业化程度与专业化的发展态势不均衡，部分地区专业化强度大，专业化发展迅速，部分地区专业化水平相对滞后。由图 5-2 可以看出，东部地区的专业化程度不均衡，2015年，山东与辽宁的专业化指数低于 0.2，专业化指数在 0.2~0.4 的有广西、浙江、河北与天津，0.4 以上的有 6 个省份，其中北京市专业化指数为 0.83，比辽宁省高出 0.66。中部地区的专业化指数普遍较低，仅有山西与黑龙江两省的相对较高，专业化指数分别为 0.56 和 0.46，其余省份专业化指数均低于 0.3。专业化指数最高与最低相差 0.41。西部地区专业化程度呈现出分散的态势，集中于0.2~0.5。其中，重庆、四川、陕西的专业化指数为 0.25、0.24 和 0.25，专业化程度较弱，可能与其承接产业转移功能较低有关。新疆的专业化指数达到了0.52，与专业化程度最低的省城相差约 0.28。东部地区专业化程度相差较大，趋于专业化分散度较大，中部地区整体专业化程度较低，专业化程度差距不大，西部地区整体专业程度略高于中部地区，专业化较为集中，但水平较低。

东部地区专业化指数的平均数为 41.39，中部地区专业化指数的平均数为27.26，西部地区平均化指数为 37.36，专业化程度呈倒"U"形，这可能与地区的功能定位有关，东部地区作为我国高新技术产业与对外贸易的窗口邻近，超一线城市的周边地区也会聚了大量的科研型人才，产业结构比较集中。中部地区临近东部沿海城市，部分省份努力发展高新技术产业争取承接东部地区的产业转移，进而发展自身经济。从东部地区淘汰的落后产业可能转移到中部地区，作为产业转移的聚集地，各产业都可能被引入中部地区，因此中部地区专业化度要低很多。西部地区难以获得东部地区的产业转移。1990~2015 年，云南省、陕西省、青海省的农、林、牧、渔业专业化指数增长了 2.2%、107% 和 2.04%，我国东中部地区大部分城市，农、林、牧、渔业专业化指数均大幅下降80%左右，西部地区专业化集中在第一产业，东部地区专业化集中在第二、第三产业，中部地区三次产业专业化水平都有不同程度的上升。

（三）地区专业化水平的测度

采用全域专业化指数测度 1990~2015 年中国地区专业化的总体水平变化。全域专业化指数是由 Mulligan 和 Schmidt（2005）提出，旨在描述一个国家或地区整个空间经济的地区专业化特征，计算各地区在全国产值或就业份额为权数的地区专业化系数加权之和。其计算公式如下：

$$G(S) = \sum \nu_i CS_i \quad \nu_i = \frac{x_i}{x} \quad CS_i = \frac{1}{2}\sum_i \left| \frac{x_{ij}}{x_i} - \frac{x_j}{x} \right| \tag{5-5}$$

其中，i 为地区，j 为产业，x 为全国就业量，x_{ij} 为 i 地区 j 产业的就业量，x_i 为地区 i 的总就业，x_j 为全国产业 j 的就业量，ν_i 为 i 地区在全国的就业份额，CS_i 为地区 i 的专业化系数，在此采用的是 Hoover 专业化系数，又称克鲁格曼修正指数，是由克鲁格曼专业化指数除以 2 得到的。$G(S)$ 的取值在 0~1 之间，$G(S)$ 的值越大，表明产业的空间分布趋于集中，各地区的专业化较为明显；$G(S)$ 的值越小，则表明产业空间分布趋于分散，各地区的产业结构与全国平均水平越接近。区域专业化，东部、中部、西部专业化水平，分层次描述地区专业化演变。描述专业化水平变化趋势，交易效率变化趋势。

首先构造地区分行业就业量数据库，包括 29 个省份 18 个行业在 1990~2015 年分年度就业人数，以此来计算地区分行业就业比例。其次构造行业分地区就业量数据库，将每个行业在 1990~2015 年分省份就业人数进行统计，构建相应数据库，再将年度行业就业人数分别进行加总，汇集成全国年度分行业就业量，以此来计算出年度全国单个行业就业比例。依据全域专业化指数测度计算方法计算出 CS_i。再次构造年度全国分地区产业就业人数的数据库，将地区年度就业人数与全国年度就业人数进行约分，以计算出地区就业人数所占比重，即 ν_i。最后使用克鲁格曼修正指数计算方法求得我国全域专业化指数。

图 5-5 显示，1990~2015 年我国行业空间分布趋于集中，各地区的行业结构逐渐趋于专业化，2001 年后，我国行业空间分布集中度稳步提高。但是总体来看，由于 $G(S)$ 较小，我国行业分布仍旧处于分散状态，各地区行业结构与全国水平仍较为接近。1990 年我国 $G(S)$ 指数为 0.0928。专业化指数增长幅度偏小主要原因是地区产业集中度较为分散，部分地区产业较为集中，我国幅员辽阔，东西横跨较大，不同地区的不同气候和不同基础设施建设导致产业分散，第一产业农、林、牧、渔业向中西部偏移，重工业偏向中部汇聚，但同时中部地区承接东部地区产业转移的角色及粮食产地的角色，中西部轻工产业不集中，从而导致专业化程度偏低，降低全国专业化程度。东部地区作为我国对外开放的门户，高

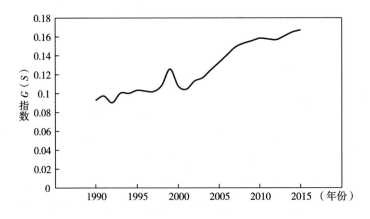

图 5-5 中国专业化指数（1990~2015 年）

新技术产业与第三产业等服务业较为成熟，产业集中度较高，由于我国前几十年工业的基础，导致产业升级较慢，即使东部沿海部分城市高新技术与服务业产业集中，但是仍有工业化时代的遗留产业，因此我国整体专业化程度不高，部分地区专业化程度较高这种现象是合理的。整体来看，我国专业化程度正在稳步推进，如果解决了工业化时代留下的产业转移与产业升级的问题，我国的专业化程度会有一个跳跃点，整体专业化水平在短时间内大幅度提升。

三、专业化水平、交易效率与经济增长之间的演变规律

$$g_{it} = \rho \ln y_{it-1} + \beta_1 \ln h_{it-1} + \beta_2 \ln t_{it-1} + \beta_3 \ln t_{it-1} \tag{5-6}$$

其中，被解释变量 g_{it} 代表各地区人均实际 GDP 的年增长率，y_{it-1} 是滞后一期的人均实际 GDP，h_{it-1} 和 t_{it-1} 分别代表专业化水平和交易效率；为了尽量消除变量的内生性对估计结果的影响，这些指标滞后一期进入方程。此外，考虑到在中国的经济环境中，一些地理、制度和政策变量可能会同时对贸易绩效和增长轨迹带来影响（Joachim and Poncet，2012）。因此，为了避免变量遗漏所造成的内生性偏误，本书借鉴中国地区增长决定的经典研究文献（Boyreau-Debray，2003；Joachim and Poncet，2012），选取了一些反映地理、制度和政策因素的常见控制变量，具体包括 FDI、FISC、ROAD 和 DIS。其中，FDI 为地区开放程度的度量指标，FISC 是反映政府对经济活动的干预程度的政策变量，ROAD 为各地区的交通基础设施状况，DIS 为各省份到海岸线的距离。同时，为了尽可能地降低异方差，除出口专业化指标外，其余变量都以自然对数的形式引入方程。

基于数据可得性的原则，本书选择进出口总额、实际利用外资总额与 GDP 建立对外开放度（FDI），将对外开放度分为外贸依存度与外资依存度，外贸依存度为进出口总额与 GDP 的比值，外资依存度为实际利用外资总额与 GDP 的比值。FISC 为政府经济活动的干预程度，用财政支出中排除教育费用后的数值与 GDP 的比值表示。考虑到 DIS 值是一个固定值，属于地理自然环境引起的交易效率差异，在对各地区进行经济增长实证研究，将其纳入考虑因素可能会与其他因素产生共线性，因此将其排除。由于数据缺失问题较为严重，尤其是中华人民共和国成立前一些反映交通基础设施建设情况的数据难以获得，考虑到数据的真实性问题，删除 ROAD 指标。在整理完数据后，将其分为年份—省份指标数据进行回归分析。

（一）数据的描述性统计

基于上述方法与渠道测算出相应指标，为便于观察考虑，对于部分数据小于1大于0的指标，如专业度、交易效率和人力资源，对其做描述性统计，基于其定义域内是单调增函数，取对数后不会改变数据的相对关系结果，因此选取乘倍数方法（见表5-7）。

表5-7 数据的描述性统计

指标	平均值	最大值	最小值	标准差
LNg	2.5205	3.9263	−2.5586	0.6584
LNGDP−1	9.3940	11.7102	6.7979	1.1153
LNPRO−1	3.5017	5.6038	0.9695	0.7689
LNEXC−1	2.2329	2.4605	1.9166	0.1206
INV	3.7686	4.8445	2.7258	0.4287
FDI	2.9997	11.4786	0.7363	1.0336
DISC	4.7622	7.8051	3.5523	0.5410

表5-8为数据的平稳性检验。在进行回归之前，需要对现有数据进行平稳性检验，以保证面板数据的可靠性。使用PP检验法和ADF检验法检验数据的稳定性。首先发现在水平值上的ADF检验不能够保证所有数据拒绝原假设，但是PP检验能够保证所有的数据都拒绝原假设，因此继续使用一阶差分值检验，结果所有数据均可以拒绝单位根原假设，数据在一阶差分平稳，可以进行面板回归。

表5-8 数据的平稳性检验

指标	水平值		一阶差分	
	ADF−FISH	PP−P	ADF−FISH	PP−P
g	24.0224***	150.531***	149.24***	18.4207***
GDP−1	1.08939	53.4430***	138.656***	18.4207***
PRO−1	42.2562***	172.984***	116.132***	18.4207***
EXC−1	1.34913*	54.9262***	132.707***	18.4207***
INV	1.04866	133.744***	125.603***	18.4207***
FDI	88.2158***	186.428***	119.734***	18.4207***
DISC	1.9280	46.602***	127.438***	18.4207***

注：***、**、*分别表示在1%、5%、10%水平上显著。

（二）回归分析

在进行回归之前，先要确定使用混合模型还是随机效应模型或是混合效应模型，对中心城市的面板数据做 LM 检验，支持原假设，选择固定效应模型。对面板数据做 LM 检验，结果显示应选择随机效应模型。接下来使用 Hausman 检验，检验结果显示应使用固定效应模型。在整理完数据后，将其分为年份—省份指标数据，用 eviews 对其做回归分析，如表 5-9 所示：

表 5-9　固定效应面板回归

被解释变量：LNG			
变量	Coefficient	Std. Error	t-Statistic
C	46. 46395	10. 42695 ***	4. 456139
LNGDP-1	−1. 518700	0. 330245 ***	−4. 598705
LNPRO-1	−0. 091058	0. 049903 *	−1. 824716
LNEXC-1	12. 66981	3. 077080 ***	4. 117478
LNINV	0. 191963	0. 086796 **	2. 211666
LNFDI	0. 073049	0. 024717 **	2. 955456
LNFISC	−0. 142565	0. 047235 **	−3. 018202
R−square	0. 091493		
AdjustR−square	0. 08441		
F 值	12. 97435		
LM	27. 3168		
Hausman	12. 351072		

注：***、**、* 分别表示在 1%、5%、10% 水平上显著。

回归结果分析如下：回归方程中人均实际 GDP、滞后一期的人均实际 GDP、交易效率指数、固定资产投资占生产总值的比重、地区开放程度，以及政府干预度和回归系数分别为 46.46395、−1.518700、−0.091058、12.66981、0.191963、0.073049 和 −0.142565，且 t 统计量都通过了 1% 统计检验，说明在方程中这一系列的变量与经济增长之间存在显著的相关关系。其中人均 GDP、专业化分工深度与政府干预度之间为负相关关系，原因可能是人均 GDP 在不同年份存在波动，且有的省份波动较大，如北京市 1995 年人均 GDP 增长率为 24%，1996 年人均 GDP 增长率为 13%，呈下降趋势，但是人均 GDP 一直处于上升趋势，因此可能出现系数为负的现象。专业化与一国经济发展之间的关系均呈倒"U"形，目前专业化分工已经处于倒"U"形右半边，分工程度深化导致交易程度更加复杂，交易费用上升，专业化生产并不能促进经济增长，单纯追求产业专业化生产忽视技术进步这一因素会阻碍经济增长，这也与经济增长模式的规律相适应。1997年以前，专业化指数排名前列的行业，如纺织业、食品制造业、普通制造业等都是低成本和低附加值的行业，较低的技术含量和较低的劳动生产率对经济增长的贡献有限。而以生产率为权重的 WHERF 指数很好地反映了技术进步这一因素，随着行业生产率的提高，在国际贸易中必然体现出比较优势，将资源集中投入到具有比较优势的行业进行专业化生产，能够推动经济增长。但这里的交易费用上升代表技术进步导致交易过程复杂、交易难度上升。提高交易效率可以降低每一笔交易的交易费用，虽然微观交易费用降低，但宏观上交易费用可能会上升。政府干预市场经济可能不利于市场经济的发展，甚至会导致负的外部性现象的出现，降低了市场分配资源的效率，但是适当干预有助于维护市场的正常运转，避免出现劣币驱逐良币的现象发生。人力资本与经济发展之间呈负相关可能也与专业化分工深度有关，当专业化分工深度过深时，出现的冗杂费用等沉没成本会阻碍分工进一步深化。

第五节　交易效率、交易费用与经济增长关联分析

一、交易效率与交易费用之间内在关联

交易效率是从微观视角衡量单笔交易费用，交易效率改善与"制度型"交易费用和"技术型"交易费用相关，如果制度变迁能改进交易效率，那么单位交易费用会不断降低，交易效率改善促进市场的交易频率、交易密度和交易规模。正是由于交易效率改善，市场交易才会更加活跃，宏观层面的交易费用因而上升。

交易费用依赖与交易相关的一系列制度，制度好与坏决定交易费用高低，但并不是制度好，交易费用低，制度坏，交易费用高。制度好与坏决定单位交易费用，好制度通过提升交易效率来降低单位交易费用；坏制度通过增加交易费

用，降低市场交易效率，结果是宏观层面的交易费用规模反而小。本书可以推论制度创新结果可能降低交易费用，也可能增加交易费用，前者是指降低单位交易费用或提高交易效率，后者是指从边际上增加交易数量和规模，导致交易费用从无到有的增加。因此，制度决定交易费用大小，但并能从交易费用大小来判断制度优劣，也不是必要条件。例如，技术创新——移动互联网普及，传统模式下交易效率低下抑制的市场交易，依靠移动互联网提升交易效率，衍生出大量市场交易，这就是技术创新带来微观交易效率提高引致总量交易费用增加。因此，单位交易费用或交易效率考察制度变迁才是需要关注焦点。交易效率提高可能是由技术创新、制度创新和组织创新，以及单一因素或多重因素交互影响导致。

二、交易效率、交易费用与经济增长三者内在联系

为什么现实中交易效率上升的同时交易费用也在上升呢？答案是交易效率一方面降低经济运行中的每一单位交易费用，即交易效率提升；另一方面在存量上增加市场交易数量，边际交易规模增长，这样总量交易费用反而增加。从长时期视角来看，如果一国经济能够持续增长，那么其交易费用也应该是不断增长的。但交易费用是否一直伴随经济增长而不断上升？正如斯密所说，作为国民财富的源泉，必须极大地提高生产和劳动的专业化。为了做到这一点，我们必须扩充市场容量，频繁进行交易活动，而每一个交易过程都需要花费一定资源来界定交换的内容和条件。卢现祥和李巧玲（2006）认为，交易费用占 GDP 比重呈现"U"形曲线，交易费用存在规模收益递增和递减阶段。从 A 点到 E 点交易费用规模收益递增阶段，E 点到 B 点是交易费用规模报酬递减阶段（见图5-6）。规模报酬递增原因可能有以下几个原因导致：专业化交易服务部门、交易中介组织为规模化交易提供专业化服务，技术进步带来交易效率大幅度提升，互联网普及可以在部分领域降低居民日常交易费用，水费、电费、通信费缴纳从传统窗口排队模式转变成依靠移动互联网应用软件模式，极大降低人们的交易成本。

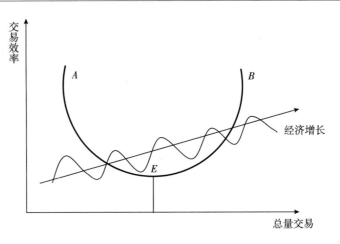

图 5-6　交易效率、交易费用与经济增长

第六节　本章小结

当前，我国经济已驶入结构调整和产业转型升级的重要关口，地区专业化是区域经济结构调整的重要方面，既关系到本地优势的发挥和经济增长的质量，又决定着国内区域分工格局的科学性和合理性。但在理论界，对地区专业化形成机理及地区专业化与经济增长的关系都缺乏统一的观点，尚未形成完整的理论体系。学术界普遍认为专业化能够促进经济增长，实证研究却展示出专业化与人均GDP 呈相反的关系，可能的原因：一是产业结构不协调导致的产业专业化方向偏离了全体产业齐头并进的轨道，部分产业兴旺发展，部分产业则面临衰弱，城市产业结构变革落后，进而导致非增反减的现象发生；二是我国专业化发展远落后于其他经济增长要素，从而导致对经济的促进作用没有能够很好地发挥出来，实证研究也证实这样的结论，1990~2015 年我国专业化程度仅增长了 0.07，年均增长 0.0028。

1990~2015 年的证据表明，交易效率对经济增长的贡献十分明显，这证明了单位交易费用的降低能够提升交易效率。烦琐的机构，不清的职责，销售地与生产地的距离都会增加交易所用的各种费用，从而减少交易利润，降低交易成本。

实证证明了交通业的发展、金融服务的提升，以及开放的程度、人才的增加、政府办事效率的增加会极大地提高交易效率，更多的因素同样对交易效率产生影响，从而可以进一步研究交易效率与经济发展的关系，本次对交易效率指标的检测假设算是一次尝试。从特征分析来看，与发达国家的产业专业化相比，我国专业化整体水平相对较低，专业化的增速小于经济增长速度。

第六章 营商环境与交易效率

——基于 30 个省份的实证分析

营商环境是指市场主体在准入、生产经营、退出等过程中涉及的政务环境、市场环境、法治环境、人文环境等有关外部因素的总和①。营商环境涉及企业整个生存周期，这里营商环境大致可以分为两部分——制度软环境与基建硬环境。制度软环境包括政治环境、经济环境、法治环境、社会环境，基建硬环境包括铁路、道路等基础设施环境、电子设施建设与电子政务环境等硬环境。营商环境的提出代表"放管服"改革进入 2.0 时代，跳出了以往仅考虑政府放松对市场操纵度的单向考量，不局限于简化行政审批服务、纵向放权、监管权力的运用与优化政府对市场的服务，加入了对营商主体的感受和需求的考量，建设法治化与国际化的营商环境。营商环境改革的最终目标是为了减少企业制度性的运行成本，优化市场竞争环境。

第一节 文献综述

目前，国内鲜有研究交易效率与营商环境关系的文献，知网主题搜索"交易效率"与"营商环境"相关文献为 0 篇，有相关主题如"交易费用"或"交易成本"与"营商环境"相关文献 184 篇，在这些相关研究中，大多得出统一的结论，综合交易成本是否降低是营商环境优劣的核心表现。部分学者未明确降低

---

① 中国政府网，http://www.gov.cn/zhengce/yingshanghuanjingzck/.

交易费用指的是由于行政审批程序的减少，单个营商主体创办企业及后续办理单项业务时所耗费的交易成本的降低，而不是宏观上整体交易费用的降低。这里可以用交易效率表示行政审批改革，以及市场环境的优化导致交易费用的下降。

Vaishnav 和 Dixit（1998）认为，复杂的行政审批程序会降低企业的运转效率，从而降低社会效率。Greenstone 和 Hanna（2011）认为，制度环境是衡量发展中国家的市场竞争环境、法律保障环境和产权交易环境的基本特征。已有研究结果证实了营商制度、交易效率与经济增长之间密切相关，宽松的制度环境有助于降低企业运行成本，吸引更多企业生产集聚，推动地区经济增长。依据世界银行发布的《营商环境报告》，2011～2016 年，中国营商环境在世界排名分别为第91 名、第96 名、第90 名、第84 名、第78 名、第78 名，2019 年跻身营商环境排名第31 名，营商环境已经跨入中上等水平。2011～2016 年，中国 GDP 增长率分别为9.55%、7.86%、7.77%、7.42%、7.04%、6.85%。

诺斯（2014）认为，国家的基本职能是追求自身利益最大化的诉求和促进社会福利最大化的动力。Torvik 等（2013）将国家治理分为汲取型制度与包容型制度，第一种制度将权力视为获取财富的手段，政府官员通过暴力的方式以及压力的方式行使权力，压制政治权利课题，以获取不法的收益，第二种制度将社会福利最大化视为最终的目的，将权力视为服务公众的工具，满足公众的利益诉求以谋求社会福利的最大化。Rothstein 等（2015）认为，西方国家的制度水平评价体系并不完全适用于一些发展中国家制度环境的评定。

第二节　营商环境指标选择与交易效率评价体系构建

一、营商环境指标选择

综上所述，世界银行营商环境评定报告并不能够完全客观反映中国地区营商环境。目前，国内构造营商环境评定体系的机构团队有中国社科院倪鹏飞团队的城市竞争力报告、中山大学城市政府公共服务能力评价和中国社科院中国城市基本公共服务能力评价等，但是由于评价指标仅涉及软环境中的公共服务、市场竞争等指标，难以参照国际化、法治化与市场化的标准衡量一个地区的城市营商环境。中国人民大学国家发展与战略研究院（以下简称人大国发院）政企关系与产业发展研究中心发布的《中国城市政商关系排行榜》是目前较好地评定我国城市层面营商环境的报告，该报告聚焦习近平总书记为政府与企业家界定的"亲"与"清"政商关系，并从这两个方面来评价地区营商环境，主要指标包括政府对企业的关心、政府对企业的服务，以及政府廉洁度和政府透明度五个方面（见表6-1）。

表6-1　中国政商关系健康指数指标体系

"亲近"指标		
一级	二级	三级
政府对企业的关心	市领导视察	视察次数
	市领导座谈	座谈次数
政府对企业的服务	基础设施	高铁经过班次
		道路面积/辖区面积
	金融服务	银行网点数量/总人口
		金融从业人数/总人口
		年末存贷款余额/GDP
	市场中介	会计师事务所数量/总人口
		律师事务所的数量/总人口
	电子政务效率	政府网站在线服务事项和效率
		移动政府服务效率（微信公众号和官方微博）
	企业的税费负担	规模以上工业企业主营业务税金及附加/工业总产值
		本年应交增值税/工业总产值
"清白"指标		
一级	二级	三级
政府廉洁度	被查处的所有官员数量	全部被查官员数/国家工作人员数
	百度腐败指数	腐败新闻条数/新闻总条数
政府透明度	行政信息公开	网上办事程序公开程度
	财政透明度	财政透明度

资料来源：《中国城市政商关系排行榜2018》。

　　人大国发院的政商"亲清"榜考察了全国285个城市，指标选择以简政减税降费为重点，要求平等保护产权，是我国"放管服"改革的升级版，在软环境考察上不仅考察了政府对企业服务的量，如政府考察次数与政府和企业领导座谈次数，还加入了政府对企业服务的质的考察，如网上办事程序公开程度、财政透明度等。硬环境上除了基础设施建设，还加入了对金融服务指标、电子政务的考察。

二、交易效率评价体系构建

本书利用正向化、标准化、正规化、平均化，以及主成分分析法来计算我国年度交易效率分数。首先确定各项二级指标的分数，将负向指标正向化处理。其次对各指标进行数据正规化处理，即将单项指标年度数据除以平均值，使其成为均值为 1 的指标。最后将数据进行标准化处理使其成为均值为 0 和方差为 1 的标准化指标，对于正向指标处理公式为：

$$Y=(X-\min X)/(\max-\min) \tag{6-1}$$

其中，X 为原始指标，Y 为标准化之后的指标。首先对负向指标进行正向化处理，即用 1 除以原本的数值，负向指标仅为行政管理费用占预算支出比例。这里借鉴的是杨肃昌等（2012）的做法以求得各项指标的权重，利用主成分分析法确定二级指标的权重，以此来避免主观因素的干扰，赋予各综合指标客观性，权重指数如表 6-2 所示。将正规划的数据乘以各自的权重以求得各项二级指标的得分。其次对各项一级指标下的二级指标得分进行简单平均，求得各项一级指标的指标数值。最后利用以上计算权重的方法和主成分分析法计算一级指标权重，将得分乘以权重即得到一级指标得分，再将其简单平均化，即可获得我国年度交易效率得分指标。

表 6-2　交易效率指数测评体系构建

一级指标	权重	二级指标	权重
基础设施建设	0.2087	铁路里程	0.4544
		公路里程	0.4297
		内河航道里程	0.4604
		航班航线里程	0.4552
金融服务	0.2105	金融从业人数/全国人口	0.4662
		金融机构贷款余额占 GDP 比重	0.4153

续表

一级指标	权重	二级指标	权重
贸易开放度	0.1816	进出口额占 GDP 比重	0.3591
		实际利用外资占 GDP 比重	0.4120
教育	0.2114	全国研究生毕业数	0.4566
		全国高等学校学生毕业数	0.4416
		教育支出占 GDP 比重	0.4604
政府	0.1879	行政管理费用占预算支出比例	0.3195
		财政支出占 GDP 比重	0.4316

在取得最终计算结果之前，本书发现用主成分回归法计算指标权重时，存在行政管理费用指标权重为负的情况，这种情况的发生是合理的，依据政府越多地参与市场，市场经济发展速度反而会降低的理论，行政管理费用可以被认为是政府干预市场的指标，因此权重为负是合理的。但是与行政管理费用同属的二级指标实际利用外资占 GDP 的比重指标是一项正向指标，若一地区政府过度干预市场，则可能出现政府效率为负，最终影响一级指标政府行政效率的权重，为了使指标合理化，本书采取逆向指标正向化的方法，即将行政管理费用取倒数，最终确定了整体指标权重。

为便于解读，对于总指数和分项指数均进行了正常化处理，即使用式（6-2）进行转换。

$$Y=[(X-\min)/(\max-\min)]\times100 \qquad (6-2)$$

其中，X 为初始值，min 和 max 分别为该指标的最小值和最大值，Y 为最终值。据此获得的指数得分介于 0~100 分。

表 6-3 为 2017 年和 2018 年不同省份的交易效率。2017 年交易效率最高的城市为北京，交易效率指标为 41.6，福建最低仅为 15.5。这可能与近些年政府开展营商环境改革有关，近年来各地政府纷纷出台金融服务政策支持小微企业，表示应对企业一视同仁，这也从制度上极大地降低了企业融资，提升了交易效率。2018 年交易效率最高的城市仍为北京，指标数为 53.7，与之相对应的是福建最低，指标数为 14.7，对比一级指标发现金融服务相关指标导致交易效率拉开了较大的差距。

表 6-3　2017~2018 年不同省份的交易效率

省份　　　　　年份	2017	2018
北京	41.6	53.7
天津	26.3	35.6
河北	19.2	28.3
山西	18.9	28.9
内蒙古	27.4	36.2
辽宁	26.3	36.2
吉林	16.7	26.1
黑龙江	21.7	21.2
上海	40.5	39.2
江苏	19.1	19.0
浙江	19.3	19.9
安徽	18.0	17.3
福建	15.5	14.7
江西	18.7	17.3
山东	19.8	20.8
河南	16.7	16.6
湖北	18.1	16.5
湖南	15.8	16.4
广东	29.5	29.9
广西	17.1	15.6
海南	21.2	21.3
重庆	17.2	17.3
四川	21.1	21.0
贵州	18.9	17.9
云南	19.7	19.1
陕西	22.4	20.2
甘肃	26.1	22.8
青海	21.4	19.4
宁夏	19.2	15.5
新疆	25.1	23.0

注：由于年份较短交易效率指标比较方法取同年份城市间交易效率比较，因此 2018 年指标上升或下降不代表相较于 2017 年同期上升或下降。

2017 年，东部、中部、西部省份平均交易效率为 24.6、18.1、21.9；2018年为 27.8、20.1、21.2，东部沿海省份交易效率远大于中、西部，中部省份交易效率水平与西部城市仍旧有一定的差距。2017 年中、西部差距较大，可能与国家西部大开发战略有关，又其中是西部基础设施建设，二级指标中中、西部省份也存在明显差距。2018 年，中部、西部省份交易效率进一步缩小，原因是基础设施建设差距没有进一步扩大，但是中部城市在对外贸易及教育投入上与西部城市拉开了差距，内蒙古与黑龙江在对外贸易和教育指标上的差距分别扩大了 20个和 13 个百分点，这可能与地区营商环境改善有关联，此后中央也多次下发营商环境相关文件，营商环境受到地方政府的高度重视，营商环境普遍改善。相较于西部地区，中部地区更靠近营商环境相对优越的东部发达省份，因此行政执行效率与政策执行完整度更高，因此相较于西部城市，2018 年中部城市交易效率有了显著的提高。

第三节　营商环境与交易效率的实证检验

一、实证模型

$$BUS_{it} = \rho \ln EXC_{it} + \beta_1 \ln HR_{it} + \beta_2 \ln EDU_{it} + \beta_3 \ln t_{it-1} \qquad (6-3)$$

其中，被解释变量 BUS_{it} 为各地区营商环境指数，EXC_{it} 为地区交易效率，EDU_{it} 和 FIN_{it} 分别为专业化水平和交易效率；HR_{it} 为反映地区人力资本状况的变量，用产业从业人数占地区总人口表示。EDU_{it} 为反映地区教育重视度的变量，用地区教育投入占财政支出的比值表示。为了尽可能降低异方差的存在，变量都以自然对数的形式引入方程。

$$g_{it} = \rho \ln y_{it-1} + \beta_1 \ln h_{it-1} + \beta_2 \ln t_{it-1} + \beta_3 \ln t_{it-1} \qquad (6-4)$$

基于数据的可得性原则，参考兰宜生（2002）的方法，选择进出口总额、实际利用外资总额与 GDP 建立对外开放度（FDI），将对外开放度分为外贸依存度与外资依存度，外贸依存度为进出口总额与 GDP 的比值，外资依存度为实际利用外资总额与 GDP 的比值。FISC 为政府经济活动的干预程度，用财政支出中排除教育费用后的数值与 GDP 的比值表示。

二、回归与检验

在进行回归之前，要确定使用混合模型还是随机效应模型或是混合效应模型，首先对 30 座城市的面板数据进行 LM 检验，存在随机扰动项，拒绝原假设，使用随机效应模型更优。在整理完数据后，将其分为年份—省份指标数据，用 Eviews 对其做回归分析，如表 6-4 所示。

表 6-4 固定效应面板回归

变量	Coefficient	Std. Error	t-Statistic
被解释变量：LNG			
C	4.661941	2.096697 **	2.223488
LNEXC	−0.980031	0.301304 ***	−3.253633
LNEDU	1.881709	0.893256 **	2.106573
LNFIN	1.900693	0.453454 ***	4.196589
R^2	0.878972		
AdjustR−square	0.7535530		
F 值	6.127749		
LM	89.761769		

注：***、**分别表示在 1%、5% 水平上显著。

回归结果表明：回归方程中交易效率、人力资源及教育投入相关指标的回归系数分别为 4.661941、−0.980031、1.881709，并且 t 统计量都通过了 1% 统计检验，说明在方程中这一系列的变量与营商环境之间存在显著的相关关系。其中交易效率与营商环境之间为负相关关系，产生这种现象的原因可能是交易效率指标在不同城市之间存在波动，并且波动范围较大，如北京市与河北省 2017 年指标差距 1.1，2018 年相差 24.4，但是营商环境波动不明显，因此可能导致出现系数为负的现象。无论是营商制度软环境还是基础建设硬环境，交易效率的提升能够改善营商环境，人力资源对城市营商环境产生正向影响，人力资源的供给增加，这是一种正向的激励，能够降低单位人力的成本，使招商引资的吸引力增加，能在短时间内改善营商环境。交易重视度指标与营商环境存在显著的正相关关系。

第七章　县域营商环境评价体系构建初步探究

　　建立一套系统的县域营商环境评价体系，可以帮助政策制定者明确需要改革的领域，以及了解目前城市的发展现状，我国营商环境评价体系的构建应确立相应的原则，确立各项评价指标及在体系中的权重，并使指标体系具有较强的可计算法。2018 年，按照国务院要求，国家发展和改革委员会同有关部门和地区，借鉴国际经验，初步构建了中国特色、国际可比的指标体系，并将在 2020 年对全国地级及以上城市开展营商环境评价工作。由此可见，我国对营商环境评价体系的构建处于初步探索的阶段，同时，国内并没有一套完整的、完善的、系统的县域营商环境的评价体系。要对县域城市的营商环境进行科学的评价，一个十分关键的环节就是构建一套契合当地实际情况的营商环境评价体系。

第一节　国内外营商环境评价体系的系统梳理

一、国外营商环境评价体系梳理

　　营商环境的重要性毋庸置疑，但这方面的评价体系还不完善。其中，最负盛名的当数世界银行的《营商环境报告》，该报告从 2003 年开始公布，由 Doing Business 小组负责，包含 5 套指标和 133 个经济体，2010 年，报告扩展到了 10 套指标 183 个经济体。这 10 套指标分别描述了开办企业、申请建筑许可、雇佣员工、登记物权、获取信贷、保护投资人、缴付税负、出入境贸易、合同强制执行、关闭企业、获得电力供应的便利程度。该项目自 2008 年首次提供中国国别报告，迄今已经提供了 13 个年度的中国营商环境报告。从报告上来看，2020 年中国营商环境排名跃升至第 31 位，这无疑是巨大的进步，但营商环境仍是我国经济发展的一块短板。由于国别和区域的问题，许多指标不能直接应用于县域营商环境评价体系，需要与其他评价体系相互补充使用。同时，经济合作与发展组织、经济学人信息部、瑞士国际管理学院等也发布了类似的国别营商环境排行榜。

二、国内营商环境评价体系梳理

近年来，国内的团队也着手构建城市层面的营商环境评价体系。如国民经济研究所樊纲团队发布的中国分省企业经营环境指数、中国社会科学院倪鹏飞团队的城市竞争力报告等。中国人民大学国发院政企关系与产业发展研究中心发布的《中国城市政商关系排行榜》主要从"亲"和"清"两个方面评价政商关系，围绕两个维度构建营商环境评价体系。该报告聚焦于政商关系、关注政府对企业的关系、政府对企业的服务、企业的税费负担、政府廉洁度和政府透明度五个方面，为微观和深入探究中国内部不同地区和城市之间的营商环境差别提供了重要的参考依据。

三、国内外营商环境评价体系对比

世界银行的《营商环境报告》主要关注政府监管效率、营商的便捷、成本和公平。世界银行指标更具体到政府为企业服务和企业的运营方面，并且出于国别与区域的原因，不能直接应用到县域营商环境评价体系中。国内的研究团队，如倪鹏飞和樊纲团队侧重于政府提供的各类公共服务质量。

第二节　样本选择与评价体系

目前，许多城市存在强市弱县的问题，强市弱县成为城市经济发展的一大短板，但濉溪县是一个特例，安徽省淮北市有一县三区，如果以 GDP 论强弱，2018 年，濉溪县实现 GDP341.9 亿元，同比增长 7.1%。

一、评价体系建立的原则

评价指标体系的建立基于系统性原则、层次性原则、可应用性原则和动态性原则。其中，系统性原则是指应该较为全面、客观、辩证地建立指标体系。层次性原则是指应结合我国目前县域发展的实际情况，将指标体系进行层级的调整，从模糊到清晰，由大到小分为三个层级：第一层级为目标级、第二层级为指示性层级、第三层级为量化指示性层级。可应用性原则是指在参考其他权威文献和指标时要考虑到县域指标本身的局限性和可得性，以及在定性分析时可能投入的人力、物力和绩效评价者的本身的科研技术能力。动态性原则基于"任何事物的发展都是曲折性和前进性的统一"这一理念，考虑到指标绩效评价体系的建立本身并没有其他的评价体系可以进行印证与检验，因此，在建立初期就应考虑到后续可能出现的变化与问题，并在往后根据出现的新问题与新情况进行修订。基于人大国发院的政商"亲""清"关系评价体系，本书以濉溪县为例，进行营商环境评价指标的初步构建。

二、评价体系包含的指标

考虑到县域与市级统计数据完整性与可得性、信息传播速度与质量、区域硬指标的不同，如规模以上工业企业主营业务税金及附加在 2012 年后，相关县域指标已经消失，在制订指标内容时会有所改动。又因为县级城市土地资源紧张，政策扶持少和政府监管强度相对较弱的原因，通常不能很好地吸引投资，因此，在考虑指标构建的权重时会略有不同。

在"亲"的方面有两个一级指标，重点关注企业所享受的服务和政府办公效率，下设两个一级指标，分别是政府对企业的政策扶持和投资吸引、政府为企业提供的各类服务；在"清"的方面有两个一级指标，重点关注企业所享受到公平的待遇，下设两个一级指标，分别是政府廉洁度和政府透明度。

三、评价体系的权重确定

依据人大国发院的专家法评定各项指标权重标准，应确定的是"亲近"和"清白"两项指标应占权重分别为60%与40%，但对于县域营商环境来说，投资吸引度与政府服务度相较于政府廉洁度的比较更加精确，并且"清白"指标的分析方法为定性分析，考虑到科研能力、技术水平及资源问题，不能够提供精确反映县政府网站绩效的准确分数，为减小误差进一步缩小"清白"的权重为30%。

对于县域经济来说，投资吸引往往比政府服务更能吸引企业决策者，并在一级指标投资吸引下，二级指标经开区的设立更能够促进县域营商环境，促进县域经济的发展，因此，政府对企业的政策扶持和投资吸引占40%，政府提供服务占30%。在一级指标政府对企业的政策扶持和投资吸引中，开办企业占5%，电力获取占5%，企业税费负担占15%，经济开发区指标占15%。在一级指标政府提供服务中，金融服务占比为15%，金融是实体经济的命脉，方便、快捷、有效的金融服务能有效缓解企业融资难、融资贵的问题。市场服务与基础设施服务占比均为10%。在"清白"指标体系中，政府廉洁度占比为10%，政府透明度占比为20%。在一级指标政府廉洁度中，百度腐败指数均为10%。在一级指标政府透明度下设两个二级指标，为财政透明度和电子政务服务，占比均为10%。

四、各项指标的确切含义与评定原则

以下介绍一级指标和二级指标并标明各个变量的确切含义。在政府对企业的政策扶持和投资吸引上，所选取二级指标主要有开办企业、电力、企业的税费负担、经济开发区（以下简称经开区）四项。县域经济想要更好、更稳的发展，就需要不断地吸引投资，其中开办企业所需日长成为很多新的企业家和投资人所考虑的关键点之一，自2016年在中央经济工作会议上首次提出营商环境概念以来，省、市政府大力改善政务服务质量与效率，很多省、市开办企业仅需三天甚至更短的时间，濉溪县政府也进行了持续深化的"放管服"改革，减少环节、优化流程、压缩时间，切实降低开办企业的制度性交易成本，因此，选取开办企业所需日长作为指标。电力是任何企业正常运转和扩张的必需品，研究表明，较高的电力成本往往会对企业造成较为不利的影响，因此，设立获取新电力所需时长作为三级指标。低税率无疑可以在很大程度上吸引企业投资者，这主要反映了李克强指出的"要以简政减税减费为重点进一步优化营商环境"，在企业税费负担下设三级指标，即本年应交增值税占工业总产值的比重。由于在经济开发区开办的企业可以享受到更加优惠的政策、更加周到的服务及县内更加便捷的政府服务，并且各地方经济开发区的开发都较为成熟，因此，经济开发区的面积大小占濉溪县区域面积的比例也应该作为县域营商环境选取的一项重要指标。

政府为企业提供的各项服务下设二级指标有基础设施建设、金融服务、市场

服务。其中基础设施建设主要从城市道路建设和铁路建设两方面考虑，因为这两方面关系到企业通勤与物流。在道路方面主要考虑道路面积占濉溪县区域面积的比例，数据来自历年的《中国城市建设统计年鉴》。由于很多县域城市没有建立火车站，但从县域内各个主要交通枢纽直达市火车站的公交车已建立，并且员工仍需乘公交车出勤与办理各项事务，因此，选定公交服务设施建设为参考指标，指数为公交站台数与县内公交线路的比值。

在金融服务方面，以按当年价格计量的 GDP 总量和银行贷款余额、各项存款余额作为衡量经济增长与金融发展的指标，多数研究证实了两者之间存在线性关系，第二项指标为金融从业人数占县人口的比重，第三项指标为银行网点数占县人口的比重。

在市场服务方面，包括律师人数占县人口的比重，以及会计从业人员占县人口的比重。在其他营商环境评价指标体系中，两项均为市场服务的核心指标。

在政府透明度方面，选定财务透明度与电子政务服务效率为二级指标。财务透明度绩效评定原则依据中国社会科学院发布的《中国政府透明度指数报告》，财政信息评定原则进行绩效评估。评估指标主要包括预算、决算和"三公"经费信息三项。网站是否公布了下一年预算说明？一般公共预算支出表是否公开到功能分类的项级科目？预算支出总表是否公开到功能分类的项级科目？一般公共预算基本支出表是否公开到经济分类的款级科目？网站是否公开本年度决算说明？一般公共决算支出表是否公开到功能分类的项级科目？决算支出总表是否公开到功能分类的项级科目？"三公"经费中是否公开因公出国的组团数和人数？是否公开公务用车的购置数和保有量？是否提供国内公务接待的批次和人数？是否公开"三公"经费增减原因的说明？

在电子政务方面，采用定性的方法，根据清华大学国家治理研究院网站绩效评估体系进行评估。下设七个一级指标：信息公开、政策解读、政务服务、互动交流、展现设计、监督管理和传播应用。

在信息公开方面，依据：①政府网站能否做到统一规范、内容完整地公开信息？能否每周更新信息？是否为政策文件设置专栏，能否提供年度规划和工作计划？②是否设置了"重点领域信息公开"专题专栏，以及专题专栏是否能够做到及时更新？重点领域包括环境保护、食品药品安全、财政资金、征地拆迁、扶贫救助、重大建设项目。③是否按照国务院办公厅要求的文件建立信息公开目录并及时更新？政府网站公开信息是否与网站政策文件栏目信息关联，即数据是否同源？④是否开通专门的数据频道？例如，统计部门、发改部门、工信部门能否做到按月发布统计数据？能否做到使用图表形式发布数据，使数据更加直观？⑤是否建设数据开放专栏或者建立数据开放网站、数据集质量？是否提供下载公开数据？元数据描述是否详细？

在政策解读方面，依据：①是否设置了政策解读专栏？②能否做到每季度或每月更新、及时更新政策解读？③是否对国、省、市政府发放文件进行解读？④除文字解读之外，是否采取了图片、表格、音视频的形式进行解读？⑤政策解读界面与政策文件界面是否关联？⑥政策解读是否做到了同步多角度解读、易懂多形式解读、关联多渠道解读？

在互动交流方面，依据：①政府网站能否及时帮助群众解决问题？是否建立了在线咨询与在线投诉？政府网站能否做到有效汇民智、听民意？是否建立了在线调查和民意征集渠道？是否建立了在线访谈渠道？②政府网站中办事服务页面"我要咨询"链接是否与互动平台统一？③是否公开了来信的问题和答复？对于来信的回复是否及时？对于民意征集和在线调查结果是否及时反馈？④是否建立了答问库？是否对答问库的常见问题进行整理？是否对答问库的问题按照部门和主题进行分类？

在政务服务方面，依据：①是否在首页设置了政务服务平台入口？②能否找到权责清单并通过政府门户网站公开发布？服务目录是否健全？例如，包括行政许可目录、公共服务目录、政务服务目录等。③政府网站办事指南页面能否下载相关链接？能否在线提交咨询问题？相关政策与常见问题是否关联？④是否有"保障性住房申请"服务、"公积金贷款"服务、"生育服务证"服务、"社保"服务、商事等级重点服务、"交通"服务、"医疗"服务、"教育"服务专栏？网站专栏是否及时更新？

在展现设计方面，依据：①网站域名、ICP备案、党政机关网站标识、网站名称、政府网站标识码表现。②IE浏览器的兼容性。③政府网站站点标签、栏目标签、网页标签设置是否规范？④是否建立政务微信、移动APP并及时更新？

在监督管理方面，依据：①政府网可用情况和更新情况。②是否设置了政府网站错误收集情况链接？

在传播应用方面，依据：①2018年濉溪县政府网站独立用户访问量。②网民留言数。③政府微博关注人数、微信关注人数。

五、指标处理

指标处理依据 2017 年人大国发院"中国城市政商关系排行榜"的方法（2017 年与 2018 年处理指标方法相同，但 2017 年报告处理步骤更为详细），对指标进行正向化、标准化、平均化、正常化处理，并依据各项权重，进行加权加总，由此得出濉溪县 2018 年营商环境绩效分数，如表 7-1 所示。

表 7-1 整体评价指标体系

环境评价指标体系				
"亲近"指标				
一级	二级	三级	数据采集方式	年份
政府对企业的政策扶持和投资吸引（40%）	开办企业（5%）	开办企业所需时日（5%）	政府数据库	2019
	电力获取（5%）	获取电力所需时长（5%）	电厂数据库	2019
	企业税费负担（15%）	本年应交增值税占工业总产值的比重（15%）	城市统计年鉴	2018
	经济开发区（15%）	经济开发区面积占县域面积的比例（15%）	政府数据库	2018
政府提供服务（30%）	基础设施建设（5%）	道路面积/城市面积（2.5%）	城市统计年鉴	2017
		公交服务设施建设（2.5%）	高德地图	2018
	金融服务（15%）	年末存贷款余额/生产总值（5%）	城市统计年鉴	2018
		金融从业人数/县城总人口（5%）	城市统计年鉴	2017
		银行网点数/县城总人口（5%）	高德地图	2018
	市场服务（10%）	律师事务所数量/县城总人口（5%）	高德地图	2018
		会计师事务所/县城总人口（59%）	高德地图	2018
"清白"指标				
一级	二级	三级	数据采集方式	年份
政府廉洁度（10%）	百度腐败指数（10%）	腐败新闻条数/新闻总条数（10%）	百度	2018
政府透明度（20%）	财政透明度（10%）	财政透明度（10%）	依据中国社会科学院《中国政府透明度指数报告》	2019
	电子政务服务效率（10%）	政府网站在线服务效率（10%）	依据清华大学研究报告进行定性评分	2019

六、县域营商环境绩效评价计算方法说明

（1）所有指标正向化处理，所需处理的指标有开办企业所需工作日、获得电力所需工作日、企业税费负担与政府廉洁度四项。

（2）对所有三级指标进行标准化处理，使其成为均值为 0 和方差为 1 的标准化指标。处理公式为：

$$Y=(X-\overline{X})/S$$

其中，X 为原始指标，$\overline{X}$ 为指标平均数，S 为指标样本标准差，Y 为标准化之后的指标。

（3）对二级指标下的三级指标进行简单平均，并对二级指标的得分进行标准化处理。

（4）按照设定好的权重将二级指标进行标准化处理，形成一级指标。

（5）将一级指标进行标准化处理，并加权相加，形成"亲近"和"清白"两方面指数。并将"亲近"与"清白"按照预先设置的权重进行相加，最终得到营商环境指数。

（6）将指数转化为满分为 100 的分数形式。

第三节　县域营商环境绩效评价指标与建设意见

濉溪县营商环境绩效分数为 61.8803，五河县营商环境绩效分数为 59.8111，怀远县营商环境绩效分数为 57.7501，固镇县营商环境绩效分数为 78.5584。

1. 主要指标比较

税费是企业成本的重要组成部分，减税降费不仅是优化营商环境的重要手段，对加快供给侧结构性改革也具有重要的意义。固镇县极大地减轻了县内企业税费成本，但仍需进一步深入推进架构性减税降费。"互联网+电子政务服务监管"是深化"放管服"改革、持续优化营商环境和推动政府治理现代化的重要举措，固镇县、怀远县与五河县仍需加快完善政府网站系统建设，方便群众获取信息。

2. 电子政府服务评价

各县政府应重视数据发布方面的问题，改进数据发布形式，使数据更加直观、详细。可以考虑适当涉及国家、省级政策文件解读，在解读政策文件方面做到同步多角度解读、易懂多形式解读、关联多渠道解读。政策解读界面设置政策文件链接。对于问答库的建设借鉴合肥市问答库建设体系，对问题解答按照部门和主题进行分类，公布权责清单，缩短在线咨询问题解答日常等。

3. 主要不足与建议

应进一步提升本身的科研技术能力，进一步挖掘能够利用的资源，改进县域营商环境绩效评价体系。对于县域营商环境评价体系的建设仍旧没能够做到全面、具体、准确，应当收集政策法规与相关文献，借鉴专业团队的测定标准，进行补充。对于已经建立的绩效评价指标，应当根据法律法规，不断更新与检测，做到及时发现问题，及时反馈、解决问题。构建县域营商环境是一项长期的、艰巨的、没有终点的任务，应当结合地域特点，构建起一套能够为大、中、小、微型企业提供准确营商环境信息的体系，并为县域政府改进营商环境提供具有指导性意义的评价指标体系。

第八章 优化营商环境会促进
居民消费吗？

——基于国内30个省份面板数据的实证分析

第一节 引言

改善营商环境会促进居民消费还是抑制居民消费？基于 2008～2016 年国内 30 个省份（不包含港澳台地区及西藏自治区）的面板数据，尝试探究营商环境对居民消费的影响。实证研究发现：从全国范围来看，改善营商环境能够显著促进国内居民消费。从局部区域来看，营商环境对居民消费的影响存在显著区域异质性，东北地区营商环境与居民消费之间存在显著负相关关系，东部地区营商环境与居民消费之间存在不显著相关关系，中西部地区营商环境与居民消费之间存在显著正相关关系。其中在西部与东北地区产品市场发育与居民消费之间存在显著负相关关系，东部地区与中部地区中介组织发育与居民消费之间存在显著正相关关系。因此在改善营商环境的措施中要注意不同地区政策实施的差异性与侧重点，以达到促进居民消费的目的。

习近平总书记在《中共中央关于制定国民经济和社会发展第十四个五年规划和二〇三五年远景目标的建议》中明确指出，要构建以国内大循环为主体、国内国际双循环相互促进的新发展格局。这是基于我国目前参与全球化运动是以国际市场为主，国内市场为辅，在全球产业链中仍然处于国际代工地位而提出的具有高质量发展新思路。目前，消费已经连续六年成为我国经济增长的第一拉动力。2019 年最终消费支出对国内生产总值的贡献率达到了 57.8%。面对严峻复杂形势，2020年9月11日，李克强在全国深化"放管服"改革优化营商环境电视电话会议上要求进一步深化"放管服"改革，加快打造市场化、法治化与国际化营商环境，不断激发市场主体活力和发展内生动力。

目前，困扰营商环境进一步深化的一个重要问题是：改善营商环境是否会促进居民消费？促进或者抑制的力度有多大？对居民消费的影响是否存在区域差异性？该问题有待进一步检验和证明。

目前，国内关于营商环境和居民消费的实证研究主要间接地围绕创新与居民消费关系展开。从创新研究来看有三种观点：第一种观点认为是创新驱动消费。技术创新活动能够直接促进居民消费。从技术创新角度来看，技术创新对居民消费意识产生影响，技术水平的提升及有意为之的技术选择优化有助于消费规模的扩大，商品层面的技术创新会通过示范效应刺激消费欲望起到提高消费的作用。从产品创新的角度看能通过提升产品质量、扩大生产量和产品升级促进居民消费。从制度创新的角度看，应让制度成为技术进步与消费需求间互动的助推剂。但是最终落脚点仍是强调技术进步驱动消费需求，对于制度创新只是简单提及。第二种观点认为我国的技术进步大多表现为引进式技术进步，而这种技术上的创新以资本为载体，资本报酬挤占劳动报酬导致劳动报酬分配不均，抑制了消费需求的增长。第三种观点认为我国资本偏向的技术创新与消费呈显著负相关关系。我国第二产业和第三产业都具有显著的资本深化趋势，提高了资本居民报酬的比重，这对居民消费率都具有显著的负向影响。营商环境与居民消费之间的关系究竟如何？制度创新与居民消费的关系是否适用于营商环境与居民消费的关系？

综上所述，目前有关创新与消费的研究较为丰富，但是大都关注技术创新与居民消费之间的关系，且意见不统一。对于制度创新与居民消费之间关系的研究较少。本书的创新点在于从制度创新出发，分析优化营商环境对居民消费的直接影响及路径分析，以期为居民消费的研究提供有益参考。

第二节　理论分析与研究假设

交易费用是经济制度的运行费用，是制度缺陷带来的额外成本。包括市场交易费用、管理交易费用及政治交易费用。优化营商环境能有效解决政府行政审批环节过多、行政管制范围广、行政监管能力弱等导致企业生产成本上升的问题，进而影响企业决策、影响企业创新等。本书的基本论点是：制度至关重要。制度创新是技术创新推动居民消费提高的背后力量，同时制度创新有助于激活市场主体活力，形成良好的市场竞争氛围，优化体制机制。因此，改善营商环境，能够从多条路径和角度扩大国内消费规模。

一、改善营商环境，扩大消费需求

居民消费受创新和成本两个因素影响。在经济活动中，隐性经济显著降低了地区创新水平，表现路径为减少灰色竞争以及降低外来投资，同时存在明显的区域差异性，隐性经济对创新的阻碍效应在西部地区最为明显，中部次之，在东部地区呈现出正相关效应。优化营商环境能通过减少政府管制和税收负担，提升法治水平、加强产权保护控制隐性经济规模，减少隐性经济对创新的不利影响。税收负担对于非隐性经济也会产生不利影响，影响居民消费情况。政府税收分为直接税收与间接税收，直接税收对居民消费产生直接挤出效应，间接税收对居民消费存在门槛挤出效应。优化营商环境能够显著减少市场主体进行经济活动时的制度性交易费用。一方面，商事制度改革中"最多跑一次"改革，"多证合一"工商共享信息改革和"一照多址"改革推动形成的一体化市场环境对要素实现快速、自由、安全流动至关重要，有助于实现商品快速流通，减少中间费用，促进交易成本下降。另一方面，行政审批制度改革，"证照分离"改革，"互联网＋政务服务"改革等一系列开办企业流程优化有利于零售门店个数的增加。线下零售门店个数增加，营业面积增加，制度创新驱动零售业态创新有利于吸纳更多的劳动力，创造更多产值，提高居民绝对收入水平，增加居民消费。《国务院办公厅关于进一步优化营商环境更好服务市场主体实施意见》提出，引导平台降低向小微企业收取平台佣金等服务费用及条码支付、互联网支付等手续费。因此，应切实优化营商环境，利用制度创新降低企业融资成本，降低生产要素如电力成本，减少政府行政性收费及政府性基金等涉企收入负担，以此减少企业生产成本，降低消费成本，实现制度创新带来供给与需求的良性循环。因此，提出以下研究假设：

H1：改善营商环境对于创新驱动消费以及降低消费门槛具有促进作用，同时有利于隐性经济转化成非隐性经济，增加市场主体数量，吸纳更多劳动力，也会提高居民绝对收入水平，增加居民消费。

二、改善营商环境，提高消费效率

居民消费除受市场创新和成本原因外，产品市场发育带来市场竞争的提高、市场创新活动的增多、信息透明度的增加等也是重要因素。政府可以通过直接提供创新补贴与创新奖励或者通过优化政府服务，提供优质的治理环境与法治环境激励新的市场主体进入，提高市场竞争，进而促进企业的创新产出效率。随着市场竞争程度的提高，信息透明度的增加与激励有效性显著促进了企业的创新效率。优化营商环境还会促进市场创新带来新产品的示范效应影响居民消费意识，如每年手机行业的产品发布会，会引发新一轮的购机换机热潮。同时提供知识产权保护措施，在专利权、著作权及商业机密等领域，维护创新成果，保护创新外部环境。因此，提出以下研究假设：

H2：优化营商环境有利于产品市场发展，提高产品市场竞争，激励市场创新活动，强化市场创新能力，能够形成示范作用，从而扩大消费需求。

三、优化营商环境，提振消费信心

类似于创新影响消费心理需求，消费环境监管及其配套措施也会对消费产生影响。一方面，打造法治化营商环境能够有效缓解政府法律法规出台缓慢的问题，解决相关法律条文跟不上消费模式发展进程，导致新消费模式增长出现问题难以及时得到解决，抑制居民消费意愿的问题。如滴滴网约车、顺风车事件引起消费者对搭乘顺风车产生恐惧心理，造成消费忧虑。因此，应进一步发展法律中介组织，以缓解法律更新缓慢跟不上新消费模式出现的问题。另一方面，消费维权之路复杂，互联网消费问题解决大都依赖于电商平台售后部门，但是电商平台对商家的约束力有限。具有协调整体供给与需求功能的电商平台难以有效维护消费者权益，使用法律途径或上诉监管部门以达到维权目的的手段并不划算。国务院发布的《关于进一步优化地方政务服务便民热线指导意见》提出，应持续优化营商环境，归并除 110、119、120、122 外的其他便民热线，统一归并为12345，并且提供 24 小时人工服务。呼和浩特市更是推动网上中介服务超市建设，为消费者购买中介服务提供服务，降低制度性交易成本，形成健康有序的中介服务市场。降低维权成本，发展中介市场，提高中介消费，提振消费信心。因此，提出以下研究假设：

H3：优化营商服务有利于中介市场发育，降低消费维权成本，提振消费信心，增加居民消费。

第三节　研究方法与实证分析

一、变量选取、数据来源

建立计量模型实证研究营商环境对居民消费的影响，主要采用面板数据进行分析，数据类型为2008~2016年我国30个省份（由于数据原因，去除港澳台地区及西藏自治区）9年的面板数据，数据来源如表8-1所示。

表8-1　主要变量、指标与数据来源

变量类型	名称	英文符号	时间跨度	数据来源
被解释变量	消费率	consumrate	2008~2016年	中国区域经济数据库
解释变量	营商环境	Business	2008~2016年	中国市场化指数报告（2018）
子解释变量1	政府与市场关系得分	Business1	2008~2016年	中国市场化指数报告（2018）
子解释变量2	非国有经济发展得分	Business2	2008~2016年	中国市场化指数报告（2018）
子解释变量3	产品市场发育得分	Business3	2008~2016年	中国市场化指数报告（2018）
子解释变量4	要素市场发育得分	Business4	2008~2016年	中国市场化指数报告（2018）
子解释变量5	中介组织发育得分	Business5	2008~2016年	中国市场化指数报告（2018）
控制变量1	失业率	Unemptrat	2008~2016年	中国区域经济数据库
控制变量2	政府财政交通支出	Govtransport	2008~2016年	中国区域经济数据库
控制变量3	政府财政税收	Tax	2008~2016年	中国宏观经济数据库
控制变量4	科技新产品销售额	Ino	2008~2016年	中国科技数据库

（一）被解释变量——消费率

目前，国内衡量消费情况使用最多的数据是消费率与消费支出。本书采用最终消费率作为消费代理变量。居民消费支出可能由于生产规模的扩大而增加，而消费率更能够体现居民的消费意愿。

（二）解释变量——营商环境

目前，评估国内各省份营商环境情况的报告有《中国城市营商环境指数评价报告》和《中国城市政商关系排行榜》等，但是由于时间短，评价体系起步较晚，数据可用性较低。因此，本书采用《中国市场化指数报告（2018）》中各省份市场化指数作为营商环境的代理变量，克服既有研究中数据年份单一的问题。并将其5个分指标作为子解释变量，进行比较验证分析。

（三）控制变量

根据现有消费的实证研究，引入 4 个变量作为控制变量，包括失业率、政府财政交通支出、政府财政税收、科技新产品销售额。借鉴学者们的研究，失业会使居民减少与工作相关消费；基础设施相关投入会对消费产生影响，如政府相关支出；政府税收收入对消费具有显著影响。大中型企业科技新产品销售额表示当年创新产出规模。

二、模型构建

为了验证营商环境对居民消费的影响，设定如下计量模型：

$$consumrate_{it} = \alpha + \beta_1 business_{it} + \beta_2 unemptrat_{it} + \beta_3 govtransport_{it} + \beta_4 frevo_{it} + \beta_5 ino_{it} + C_i$$

$$(8-1)$$

式（8-1）中，i 代表地区，t 代表时间。β_1 是核心变量系数，也是主要的考察系数。以 β_1 为例，当 bus 增加一个百分点时，$consumrate$ 将增加 β_1 个百分点。α 为常数项，C_i 为随机扰动项。为了有效减少异方差的问题，对各个变量取对数处理。考虑到制度性因素对消费的影响可能存在滞后性，因此采用被解释变量滞后一期如式（8-2）：

$$consumrate_{it+1} = \alpha + \beta_1 business_{it} + \beta_2 unemptrat_{it} + \beta_3 govtransport_{it} + \beta_4 frevo_{it} + \beta_5 ino_{it} + C_i$$

$$(8-2)$$

三、实证结果分析与假设验证

首先对数据进行多重共线性检验，方差膨胀因子（VIF）检验结果如表 8-2 所示。

表 8-2　各变量方差膨胀因子检验

变量	VIF
Business	1.53

续表

变量	VIF
Unemptrat	1.16
Govtransport	2.17
Tax	3.46
Ino	1.43
Mean VIF	1.95

表 8-2 显示最大的 VIF 为 3.46，远小于 10，且平均 VIF 为 1.95，小于 2，故不必担心存在多重共线性。表 8-3 消费率的均值和营商环境的均值分别为 3.90、1.90 符合预期，且消费率变动幅度小于营商环境变动幅度，原因是地区营商环境优化水平不一致。

表 8-3 描述性统计

名称	变量	观测值	平均值	标准差	最小值	最大值
消费率	consumrate	270	3.90	0.15	3.59	4.24
营商环境	Business	270	1.90	0.38	-0.26	2.40
政府与市场关系得分	Business1	270	1.79	0.31	0.39	2.27
非国有经济发展得分	Business2	270	1.83	0.44	-0.06	2.38
产品市场发育得分	Business3	270	2.03	0.22	0.38	2.30
要素市场发育得分	Business4	270	1.53	0.48	-0.99	2.53
中介组织发育得分	Business5	270	1.42	0.69	-0.65	2.82
失业率	Unemptrat	270	1.23	0.23	0.18	1.52
政府财政交通支出	Govtransport	270	14.11	0.98	11.34	16.80
政府税收收入	Tax	270	6.93	0.94	4.02	9.00
科技新产品销售额	Ino	270	15.83	2.56	7.21	19.47

（一）整体实证检验结果

为了确定哪种回归更合适，对方程进行豪斯曼检验。结果显示，卡方值为 9.04，P 值为 0.17 大于 0.01，拒绝原假设，说明采用随机效应模型分析更为准确。为了检验实证结果是否稳定，同时探求各情况下营商环境对居民消费的影响情况，使用方程（2）进行回归，依次按照先后变量加入其他控制变量，结果如

表 8-4 所示。

表 8-4　随机效应实证结果

变量	方程（1）	方程（2）	方程（3）	方程（4）	方程（5）
Business	0.20*** (2.65)	0.131*** (2.55)	0.99*** (2.94)	0.13** (2.36)	0.10** (2.29)
Unemptrat		−0.21*** (−4.21)	−0.14*** (−3.33)	−0.18*** (−3.57)	−0.17*** (−3.59)
Govtransport			0.02** (2.40)	0.05*** (3.15)	0.04*** (2.94)
Tax				0.08** (−2.08)	−0.07* (−1.90)
Ino					−0.01*** (−4.55)
C	3.53*** (24.32)	3.91*** (29.90)	3.63*** (26.20)	3.72*** (23.06)	3.91*** (27.51)
Obs	270	270	270	270	270
聚类稳健标准误	YES	YES	YES	YES	YES
LM	610.64 (0.00)	619.45 (0.00)	646.10 (0.00)	613.25 (0.00)	617.31 (0.00)

注：***、**、*分别表示在1%、5%、10%水平上显著。

表8-4中方程（1）的结果显示，在没有其他变量引入的情况下，营商环境对居民消费率有着显著正向影响，营商环境每上升1个百分点，居民消费率上升0.2个百分点，并且在1%的水平上显著。在逐渐引入其他变量后，方程（2）至方程（5）均支持营商环境与居民消费之间存在显著正相关关系。引入所有控制变量后，营商环境每上升1个百分点，居民消费率上升0.1个百分点。H1得证。大中型企业的科技创新产品销售额与居民消费呈显著负相关，支持了丁建勋和仪姗（2018）由于我国技术进步大多是引进式创新与资本偏向型创新的观点。

（二）分区域实证结果分析

为了进一步验证国内不同区域营商环境对消费的影响是否具有一致性，分别对国内东部、中部、西部和东北四个区域进行分组随机效应分析。分析结果存在显著的区域异质性。东部地区营商环境对居民消费影响的显著性水平不在10%以内，中西部地区优化营商环境能够显著提升居民消费，中部地区营商环境每上升1个百分点，居民消费上升0.34个百分点，且在5%的水平上显著；西部城市营商环境每上升1个百分点，居民消费上升0.09个百分点且在1%的水平上显著。东北地区优化营商环境对居民消费具有抑制效应，优化营商环境每上升1个百分点，居民消费降低0.38个百分点。国内创新产出规模对居民消费都显示出一致性。税收在东部地区与居民消费显示出正相关关系。为了找出区域异质性的原因，进行分一级指标计量结果分析，如表8-5所示。

表8-5　区域异质性随机效应实证结果

变量	东部	中部	西部	东北部
Business	0.02 (0.18)	0.34** (2.02)	0.09*** (2.88)	-0.38*** (-7.41)
Unemptrat	-0.22*** (-3.89)	-0.02 (-0.20)	-0.22** (-2.27)	1.16 (1.58)
Govtransport	-0.01 (-0.60)	0.02 (0.86)	0.05*** (2.90)	0.01* (1.79)
Tax	0.07*** (1.72)	-0.04 (-0.56)	-0.09** (-2.38)	0.04 (0.60)
Ino	-0.01** (-2.34)	-0.01** (-2.02)	-0.005** (-2.09)	-0.02** (-2.14)
C	3.85*** (11.82)	3.36*** (21.65)	4.06*** (14.06)	1.67* (1.73)
Obs	270	270	270	270
聚类稳健标准误	YES	YES	YES	YES

注：***、**、*分别表示在1%、5%、10%水平上显著。

（三）营商环境分一级指标实证结果分析

为了比较营商环境分一级指标对居民消费的影响强度，分别使用政府与市场关系（Business1）、非国有经济发展（Business2）、产品市场发育（Business3）、要素市场发育（Business4）和中介组织发育（Business5）代替营商环境，对居民消费进行分析。表8-6实证结果显示，与居民消费在1%水平上显著相关的有产品市场发育和中介组织发育，产品市场发育与居民消费呈显著负相关，中介组织发育与居民消费呈显著正相关，在5%水平上显著正相关的有要素市场发育。产品市场发育与居民消费呈负相关原因可能是因为产品市场发育与市场创新存在正"U"形关系，当产品市场发育较低时，由于垄断程度较高或者市场集中度较低都会对市场主体创新行为产生不利影响，同时国内技术创新存在引进式创新和资本式创新的特点，导致产品市场发育与居民消费呈现负相关关系。由此可见，东北地区营商环境与居民消费呈负相关关系可能是由于产品市场发育出现扭曲。H2未得到验证，H3得到验证。

表8-6 营商环境分一级与居民消费的实证结果

变量	Business1	Business2	Business3	Business4	Business5
Business	0.05 （1.27）	−0.01 （−0.15）	−0.11*** （−3.20）	0.05** （2.48）	0.04*** （2.64）
Unemptrat	−0.19*** （−3.70）	−0.19*** （−3.54）	−0.16*** （−3.55）	−0.15*** （−2.90）	−0.16*** （−3.18）
Govtransport	0.05*** （2.96）	0.04*** （2.90）	0.04** （2.38）	0.04*** （2.75）	0.04*** （2.98）
Tax	−0.06 （−1.60）	−0.004 （−1.37）	−0.04 （−1.10）	−0.07* （−1.88）	−0.07** （−1.97）
Ino	−0.01*** （−5.03）	−0.01*** （−5.25）	−0.01*** （−5.10）	−0.01*** （−4.69）	−0.01*** （−4.54）
C	3.9*** （22.88）	4.05*** （27.80）	4.21*** （24.84）	4.04*** （27.96）	4.07 （27.36）
Obs	270	270	270	270	270
聚类稳健标准误	YES	YES	YES	YES	YES

注：***、**、*分别表示在1%、5%、10%水平上显著。

（四）产品市场与中介组织分区域实证

由于产品市场与中介组织对消费的影响有效性强，并且均在1%的水平上显著，因此，对两个指标进行区域差异性分析。

表8-7为分区域分指标营商环境指数对居民消费的影响实证分析。产品市场发育在西部地区和东北地区与居民消费具有显著的负相关关系，并且均处于1%的显著性水平。西部地区产品市场发育每增加1个单位，居民消费减少0.15个百分点，东北部地区产品市场发育每增加1个单位，居民消费减少2个百分点。

但是东部地区与中部地区产品市场发育与居民消费相关关系不显著。在东部地区中介组织发育每上升 1 个百分点，居民消费上升 0.09 个百分点，中部地区中介组织发育每上升 1 个百分点，居民消费上升 0.11 个百分点。

表 8-7　分区域分指标的居民消费实证结果

地区	Business3	Business5	聚类稳健标准误
东部	−0.004 (−0.02)	0.09*** (4.60)	YES
中部	0.23 (0.73)	0.11*** (2.61)	YES
西部	−0.15*** (−5.28)	0.04 (1.52)	YES
东北部	−2.00** (−2.37)	0.14* (1.67)	YES

注：***、**、*分别表示在 1%、5%、10% 水平上显著。

第四节　结论与启示

一、研究结论

本章从理论与实证的角度证明了从整体来看优化营商环境与居民消费之间显著正相关，但是这种关系存在区域差异性。东北地区营商环境与居民消费呈现显著负相关关系，中西部地区营商环境与居民消费呈现显著正相关关系，东部地区营商环境与居民消费之间则不存在显著相关关系。依据分指标营商环境与居民消费实证结果来看国内中部地区与东北地区产品市场发育存在问题。

二、启示

（一）加大培育产品市场发育与中介组织发育

依据实证结果表明产品市场发育指标和中介组织发育指标对居民消费影响最

大。产品市场发育指标每上升 1 个百分点，西部地区与东北部地区居民消费分别下降 0.15 个和 2 个百分点。该结论的启示是：中西部地区促进产品市场正常发育是促进居民消费的重要路径。优化营商环境应该注意地域性与侧重点，在西部地区与东北地区优化营商环境应着重注意市场竞争度与市场集中度，消除市场垄断现象，预防行业垄断导致市场扭曲造成消费疲软的现象发生，进一步激活市场创新活力，让居民也能够真正享受到营商环境带来的益处。中介组织发育指标每上升 1 个百分点，东部地区与中部地区居民消费分别上升 0.09 个和 0.11 个百分点。该结论的启示是：优化营商环境过程中要着重注意东部地区和中部地区中介组织的发育度。中介组织具有信息传递、创新链发展、优化创新网络与优化资源配置的功能。同时中介组织的存在能够给予商品信息附加值，帮助消费者更好地了解生产商及产品的信誉，减少隐性信息，也能够让消费者更好地了解到产品的真实价值。信息流通遭受阻碍或信息得不到反馈必然会造成效率的损失，因此在东部地区与中部地区优化营商环境应进一步扩大政府与消费者之间的交流渠道，同时进一步发育中介组织，维护消费者权益，让消费者敢于消费。

（二）重视营商环境优化方式创新

无论是从国内整体来看还是从局部地区来看，国内创新行为对居民消费的影响都存在显著负相关关系。如果国内的技术创新是以资本代替劳动的模式发展，势必会导致劳动绝对收入的下降，限制居民消费提升。改革开放以来，国内技术进步过于依赖引进与模仿，势必会导致劳动者份额持续的降低。这种引进式技术创新和资本式技术创新的特点表现为消费份额的下降，给国内经济带来高速发展的同时也带来了经济结构的失衡。因此，应加速市场创新由引进式技术创新向原发式技术创新转变，不断深化改善营商环境，让市场在资源配置中起决定性作用，发挥市场机制的作用，减少政府引导要素流动模式，激发企业自主原创行为。

第九章 优化营商环境背景下人工智能对就业和收入水平差距的影响

第一节 引言与文献综述

一、人工智能对劳动力就业的影响

关于人工智能与劳动力供需关系的第一种观点认为人工智能的发展带来新的就业机会远多于消灭的就业岗位，具有创造效应。目前人工智能仍处于弱人工智能阶段，其发展的本质是数据+统计模型的基础，人工智能的应用主要是基于大数据+的应用。弱人工智能与强人工智能的差距在于是否存在人类的深度思考，缺乏思考的人工智能只能算是机械计算。这样一种形式的人工智能仅仅算是技术的进步，为非熟练劳动力创造了机会，在增加新就业岗位的同时也会创造机器辅助类工作岗位。持技术进步会增加就业岗位观点的代表人物有李嘉图和刘易斯等，相应的理论逻辑是技术进步导致了商品价格下降，刺激了商品需求，扩大了生产，增加劳动力就业岗位，同时资本的扩大结合新技术创造的产品需求再次增加了劳动力的需求，创造了更多的就业机会。技术进步需要一定的技能水平支撑，通常研发投入的增加都会造成技能型劳动力的短缺，增加高技能型人才岗位。同时，技术进步降低生产成本后会造成商品需求的溢出效应，提高了收入，提高的部分收入用于低技术非贸易品，创造了额外的劳动力需求。

第二种观点认为人工智能对劳动力就业具有替代效应。技术的发展会降低工作对劳动者的依赖，长期来看劳动就业岗位会逐渐消失，这对劳动力市场产生了负面冲击。代表人物有马尔萨斯和熊彼特，相应的理论逻辑是技术进步提高了劳动生产率与社会生产率，但市场规模扩张速度往往低于技术进步与资本积累速度，从而引发了技术性失业。还有一种理论逻辑是技术进步提高了劳动生产率，降低了劳动成本，减少了劳动需求与劳动强度，缩小了劳动市场，最终导致失业。2018 年，广东省超过半数的企业已不同程度地实施了"机器换人"，另有16.42%的企业准备实施。近些年，国内农业机械化率逐年提升，提高了农业劳动生产率，减少了第一产业劳动力的需求，降低了农林牧渔业吸纳劳动力的能力。国内中端制造业发展滞后，吸纳新劳动力能力偏弱，高端制造业产生了人工智能对劳动力的替代，挤出了第二产业的低端技术劳动力，导致劳动力短缺。大部分持有技术创新替代劳动力致使失业的研究都与机械自动化技术进步有关，即技术创新是对熟练工人的替代。2000~2010 年，美国制造业流失的 570 个就业岗位中 87%都与自动化技术的提升有关。

第三种观点认为人工智能对劳动力市场的影响表现分为短期与长期。代表人物是索洛，相应的理论逻辑是如果技术进步导致生产总量的增加，技术进步对劳动力的长期影响会替代短期的负面效应，不会使就业量减少。这种持乐观主义思想的人大都从历次工业革命中吸取到了一些经验，历次工业革命并未导致就业岗位完全减少，反而增加了就业岗位。虽然爆发了如"卢得运动"等反生产自动化运动，但是工业革命初期与工业革命完成时相比，失业比例并未扩大。长期来看，人工智能的持续发展能够提升劳动生产率，从而扩大生产规模，增加劳动需求。例如，银行 ATM 机的发明并未减少银行职员，一方面银行 ATM 机降低了运营成本，增加了银行数量，创造了大量的工作岗位；另一方面银行 ATM 机仅替代了程序性操作，对交互性沟通要求高的岗位并未产生大规模的替代作用，银行规模不断扩大。技术进步对劳动力市场的影响短期内表现为结构性失业与技术性失业，但是长期来看不会引发持久性大规模失业。

二、人工智能对收入差距的影响

人工智能对劳动力市场真正的影响在于收入差距，造成收入差距的主要渠道是创新盈余的再分配。人工智能的发展增加了对高技能劳动者的需求，相应地高技能收入者的收入也会增加。收入水平在低教育水平、劳动密集型行业与高教育水平、技术密集型工作职位中出现了两极分化，中等收入就业岗位呈现下降趋势。由于劳动力的教育程度普遍偏低，人工智能的继续发展会造成劳动力结构与收入结构的两极分化，恶化了收入分配格局。由于替代效应，随着人工智能的继续发展必然会产生更多的失业现象，进一步扩大了收入差距。也有研究认为人工智能对劳动收入的影响取决于收入弹性，若劳动密集型产业人工智能的产出弹性大，则收入就会上升，反之若资本密集型产业中人工智能的产出弹性偏大，则劳动力收入就会下降，即人工智能对收入分配的影响取决于生产部门的特征。

优化营商环境，一是通过放宽开办企业的准入条件与费用，缩短开办企业所需时间，以增加人工智能岗位上下游企业数量，缓解替代效应带来的部分工作岗位替换。二是通过促进市场的创新，降低创业门槛，增加市场主体数量，吸纳部分挤出的劳动力。优化营商环境，消除企业在市场经济活动中扩大生产规模面临的体制机制性壁垒，降低企业税费负担，将更多的资金投入扩大企业规模中，产生规模经济，二次降低企业生产成本。企业扩大生产相应地增加了对劳动力的需求，不仅可以吸纳部分替换任务挤出的劳动力，行业上下游相关企业也会增加劳动力需求，缓解人工智能的就业替代效应对劳动力的挤出效应。但是若企业未能及时扩大规模，则技术进步的劳动力替代效应将会凸显，营商环境改革正是极大地避免了这种情况的发生。优化营商环境还可以清理对人工智能行业资质、资金、人员与场所设置的不合理条件，优化新业态新模式市场准入，放宽数字经济领域市场改革措施，同时降低和简化行业就业条件，简化就业手续，按照规定改革相应考试制度，实现制度与技术的协调，促进人才的流动与灵活就业。工作部分任务的替代降低了入职的门槛，需要相应制度的跟进，以推动劳动力就业。

目前优化营商环境以缩小收入差距的机制主要是围绕创业与收入差距展开的，创业具有普惠性，并且创业水平越高的地区，创业改善收入分配的格局更加明显。因此创业活动是低收入人群实现向上流动的重要渠道。相较于寻求商业机会的创业来说，寻求就业和向上流动的创业更加受到政府管制的影响，政府的管制主要对低收入群体和低社会网络组创业行为产生影响，相反对高收入群体和高社会网络组的影响不明显。优化营商环境主要强调营商机会均等，打破市场垄断，创造平等收入机会，创建平等收入规则，形成平等创收结果，缓解市场垄断造成的效率损失。因此，优化营商环境一定程度地缓解了人工智能扩大收入差距的效应。

综上所述，目前人工智能对劳动力就业及收入差距的影响仍存在较大分歧。

人工智能影响劳动力市场的核心均指向了劳动生产率，一方面劳动生产率的提升降低了劳动成本，减少了生产对人工劳动的需求，产生替代效应；另一方面生产成本的降低扩大了企业规模，增加了服务业与必须生活资料生产岗位的需求，产生创造效应。新技术的产生也创造了许多新的岗位，如维修、监督、操作等辅助性岗位。基于以上文献的梳理，本章旨在探究优化营商环境的大背景下，运用门槛效应，对人工智能影响就业以及收入差距的问题进行分析，以期为人工智能与劳动力和收入差距问题的研究做出贡献。

第二节　变量选取与计量模型设定

一、变量选取与数据来源

通过建立计量模型实证研究营商环境背景下技术进步对劳动力就业问题的影响，采用面板数据进行分析，数据类型为 2008~2016 年我国 30 个省份（由于数据原因，去除港澳台地区及西藏自治区）的面板数据，数据来源于《中国统计年鉴》、各省统计年鉴、EPS 数据库及《中国市场化指数报告》，详细信息如表9-1 所示。

表 9-1　主要变量、指标与数据来源

变量类型	名称	英文符号	时间跨度	数据来源
被解释变量 1	城镇就业人数	Urem	2008~2016 年	中国区域经济数据库
被解释变量 2	农村就业人数	Ruem	2008~2016 年	各省统计年鉴计算
被解释变量 3	收入差距	Ineq	2008~2016 年	中国宏观经济数据库
解释变量	研发强度	Re	2008~2016 年	中国科技数据库
门槛变量	营商环境	Bus	2008~2016 年	中国市场化指数报告（2018）
控制变量 1	高等学校毕业生	Edu	2008~2016 年	中国区域经济数据库
控制变量 2	城乡收入差距	Cxgap	2008~2016 年	中国区域经济数据库
控制变量 3	固定资产投资	Fixinv	2008~2016 年	中国宏观经济数据库
控制变量 4	居民失业率	Unemprat	2008~2016 年	各省统计年鉴

对居民就业研究的被解释变量选取各省份城镇就业人数、农村就业人数。目前，我国人工智能技术的应用领域已经扩展到服务业与农林牧渔业，不单限于工业与制造业等第二产业，因此借鉴吕荣杰和郝力晓（2018）的做法，选择类似指标，各省研发投入强度作为解释变量人工智能技术发展的代理变量。《中国分省份市场化指数报告》数据以 2008 年为分割，前后所用指标体系不同，因此选择2008 年之后的市场化指数作为门槛变量营商环境的代理指标。人工智能对就业的冲击主要表现为技能偏向性，因此选择高等学校毕业生数作为控制变量之一，城乡收入差距对产业发展的影响表现出地方经济结构的优劣，同时地方经济结构也会受到固定资产投资的影响，间接地影响到劳动力市场，因此选择城乡收入差距与固定资产投资作为控制变量。

对收入差距进行门槛分析中，被解释变量借鉴史晋川的做法，选择各省人均GDP 与全国人均 GDP 之差为被解释变量，人均 GDP 值以 2007 年为基期进行平减。解释变量为研发强度，门槛变量为营商环境指数。选择高等学校毕业生、固定资产投资与居民失业率为控制变量进行实证研究。

二、面板平稳性检验

面板不平稳会导致方程回归出现偏误的问题，对面板数据相关变量进行单位根检验。表9-2 显示所有变量均通过面板单位根检验。

表9-2　单位根检验结果

零阶变量	LLC（P 值）	平稳性
Urem	0.0000	平稳
Ruem	0.0000	平稳
Ineq	0.0000	平稳
Re	0.0000	平稳
Bus	0.0000	平稳
Edu	0.0000	平稳
Cxgap	0.0000	平稳
Fixinv	0.0034	平稳
Unemprat	0.0000	平稳

三、模型设定

针对理论分析，可以预见营商环境改革对于人工智能与劳动力市场，以及人工智能与居民收入差距之间的关系会产生正面的促进作用，作用于市场化改革的营商环境差异对两者之间的关系产生不同程度的影响。因此，认为不同程度的营商环境对人工智能与劳动力市场关系的影响存在一个门槛值。本书参考Hansen（1999）静态面板回归方法进行实证研究，构造了以就业人数和地区收入差距为被解释变量，研发强度为解释变量，营商环境为门槛变量的面板门槛模型，重点考察地区间营商环境差异带来的影响程度的不同，具体形式如下：

$$C_{it} = \alpha_0 + \alpha_1 re_{it}(bus \leq \gamma_1) + \alpha_2 re_{it}(\gamma_1 < bus \leq \gamma_2) + \alpha_3 re_{it}(\gamma_2 < bus) + \tau Z_{it} + \mu_i + \varepsilon_{it}$$

$$(9-1)$$

其中，i 表示省份，t 表示时间，C_{it} 表示被解释变量，包括城镇就业人数、农村就业人数以及收入不平等度，re 表示研发强度，bus 表示营商环境，γ_1 和 γ_2 为待估门槛值，Z_{it} 为外生控制变量，μ_i 表示个体扰动项，ε_{it} 表示随机扰动项。

第三节　实证结果

一、门槛效果检验与门槛值检验

基于上述理论分析，以营商环境为门槛变量，自高而低分别对三重门槛、双重门槛和单一门槛进行检验。运用 F 统计量使用自助门槛检验（bootstrap）进行300 次抽样，得到 P 值在 1%、5%、10%显著性水平的临界值，检验结果如表9-3 所示。对于城镇居民，当人工智能技术发展作为核心解释变量时，营商环境对城镇居民就业的影响处于 5%的显著性水平及以上，存在双重门槛效应。对于农村居民而言，人工智能技术发展作为核心解释变量时，营商环境对农村居民就业的影响处于 1%的显著性水平，存在单重门槛效应。

表9-3 面板门槛效应的显著性检验

被解释变量	解释变量	门槛变量	门槛数	F 值	10%	5%	1%
城市就业人数	人工智能	Bus	单一门槛	45.74***	23.92	28.19	42.30
			双重门槛	28.69**	21.02	25.14	35.75
			三重门槛	5.49	18.49	23.85	40.12
农村就业人数	人工智能	Bus	单一门槛	132.18***	32.35	38.96	50.18
			双重门槛	11.37	27.68	37.42	44.88
			三重门槛	13.52	25.52	30.74	44.23
收入不平等	人工智能	Bus	单一门槛	69.36***	32.39	39.81	56.65
			双重门槛	5.82	27.62	34.95	42.73
			三重门槛	4.17	23.91	29.91	43.74

注：F 值以及相关临界值，95%的置信区间均采用"bootstrap"抽取300次结果得到。***、**分别表示在1%、5%水平上显著。

表9-4 为城镇与农村居民的营商环境具体门槛值及其置信区间。对于城镇居民而言，营商环境的第一门槛值和第二门槛值分别为2.0055（7.43）和2.2814（9.79）。对于农村居民而言，营商环境的门槛值为2.2814（9.79）。依据模型测算的营商环境可以分为优质营商环境、良好营商环境和一般营商环境三类。

表9-4 城乡就业门槛变量的门槛估计值

被解释变量	解释变量	门槛变量	门槛数	估计值	95 的置信区间
城市就业人数	人工智能	Bus	单一门槛	2.2814	[2.2773, 2.2915]
			双重门槛	2.0055；2.2814	[2.2747, 2.2915]
农村就业人数	人工智能	Bus	单一门槛	2.2814	[2.2773, 2.2915]

表9-5 为收入差距的营商环境具体门槛值及其置信区间。对于营商环境的门槛值为2.2418（9.41）。依据模型测算的营商环境可以分为优质营商环境和一般营商环境。

表9-5 收入差距门槛变量的门槛估计值

被解释变量	解释变量	门槛变量	门槛数	估计值	95 的置信区间
收入差距	人工智能	Bus	单一门槛	2.2418	[2.2332, 2.2607]

二、实证结果分析

(一) 城乡就业实证结果分析

面板门槛模型的具体估计结果如表9-6与表9-7所示。表9-6是城镇居民就业情况估计，对于城镇居民而言：当地区营商环境低于7.43的一般营商环境阶段，人工智能技术发展情况对城镇居民就业的影响为正，在10%的显著性水平上，影响系数为0.101，而营商环境处于7.43~9.79时，营商环境对城镇居民就业影响程度加大，在1%的显著性水平上影响系数从0.101上升至0.402，当营商环境处于优质阶段时，对城镇居民就业影响进一步加大，在1%的显著性水平上影响系数为0.507。从回归结果可以看出随着营商环境的优化，技术进步与城镇居民就业呈现显著正相关关系，实证结果证实了优化营商环境显著消除了技术进步对城镇居民就业的替代效应，同时优化营商环境与居民就业之间存在扩大的正相关关系。

表9-6　城镇居民就业面板门槛模型参数估计

变量	估计系数	T 值
Edu	0.200**	2.36
Cxgap	-0.333***	-3.30
Fixinv	0.215***	7.43
Research * lbus	0.101*	1.78
Research * mbus	0.402***	6.34
Research * hbus	0.507***	8.20

注：Research * lbus、Research * mbus、Research * hbus 分别表示以人工智能技术发展情况为核心解释变量，一般营商环境、良好营商环境、优质营商环境对城镇居民就业情况影响的估计值。***、**、* 分别表示在1%、5%、10%水平上显著。

表9-7　农村居民就业面板门槛模型参数估计

变量	估计系数	T 值
Edu	0.458	0.26
Cxgap	0.203	1.08
Fixinv	-0.373	-0.62

续表

变量	估计系数	T 值
Research * lbus	−0.255	−0.22
Research * hbus	−0.482 ***	−4.13

注：Research * lbus、Research * hbus 分别表示以人工智能技术发展情况为核心解释变量，一般营商环境、优质营商环境对农村居民就业情况影响的估计值。*** 表示在 1% 水平上显著。

表 9-7 是农村居民就业面板门槛模型参数估计结果。当营商环境指数小于 9.79 时，人工智能发展对农村居民就业情况的影响不显著，当营商环境指数大于 9.79 时，人工智能发展对农村居民就业情况的影响显著为负，在 1% 的显著性水平上影响系数为 −0.482。

从表 9-6 和表 9-7 的结果来看，人工智能技术发展对城镇和农村居民就业产生了两个极端的影响。一方面随着营商环境的不断优化，人工智能技术发展加大了对城镇居民就业的促进作用；另一方面人工智能技术发展度恶化了农村居民的就业情况。就业问题是社会经济发展的重要问题，随着科技水平的不断进步，社会对劳动力工作能力提出了更高的要求，包括教育培训关系、工作家庭关系、社会资本、个体认知能力及职业技术水平等一系列要求。随着代际推移不断加大，农村劳动力就业能力与城镇劳动力就业能力差异不断扩大，职业教育改善农村居民劳动力就业水平作用不明显。人口红利时期的低成本劳动力优势已经不再，农村劳动者低技术特征弊端日益显现，人工智能对农村劳动人口就业产生不利影响。目前，劳动力市场的发展已经由传统的扩大就业为核心理念转为高质量就业，这些都导致了农村居民就业出现了一些问题。

（二）收入差距实证结果分析

收入差距的面板门槛模型具体估计结果如表 9-8 所示。当地区营商环境低于 2.2418（9.41）时，人工智能技术发展与收入不平等之间的关系为负相关，且在 1% 的水平上显著，系数为 −0.182，而营商环境高于 9.41 时，人工智能发展在 1% 的水平上显著缓解社会收入不平等现象，影响系数变为 −0.299。从回归结果可以看出随着营商环境的优化，人工智能发展与居民收入差距呈现显著负相关关系，并且抑制收入不平等现象的效果随营商环境的优化而显著提高。

表9-8 收入差距面板门槛模型参数估计

变量	估计系数	T 值
Edu	0.079***	4.80
Fixinv	0.113**	2.13
Unemployment	-0.123	-0.24
Research * lbus	-0.182***	-4.97
Research * hbus	-0.299***	-8.19

注：Research * lbus、Research * hbus 分别表示以人工智能技术发展情况为核心解释变量，一般营商环境、优质营商环境对收入差距影响的估计值。***、** 分别表示在1%、5%水平上显著。

从表9-8输出的结果可以看出教育与固定资产投资显著扩大了居民间的收入差距。很显然教育程度对人均收入水平的提高有着重要作用，但是也应该重视教育机会在不同阶层中的均等分布，由于教育机会的不平等分配，导致社会平均教育文化程度扩大了居民收入不平等现象。余志利（2013）认为由于资本所有权的不均，固定资本存量对收入的不平等的扩大有重要影响。

第四节　结论与政策建议

人工智能技术的发展是社会生产力的巨大进步，智能机器本身就蕴含着知识、生产经验与劳动技能，改变了社会生产力基础，这必然会对劳动力市场以及劳动者收入产生巨大影响。"二战"后发展中国家的实际情况验证了技术进步可以持续扩大就业的观点：凡是能为剩余劳动力提供充足岗位的国家都是在工业革命中技术进步速度快的国家；反之，凡是技术发展停滞的国家，失业问题都十分严重。因此，需要正视人工智能进步带来机器排挤人的问题，这也使社会深化分工、发展生产力、扩大生产规模等。

一、结论

对于城镇居民而言，以人工智能技术作为核心解释变量时，营商环境对居民就业存在显著双门槛促进效应，并且随着营商环境的优化，促进居民就业的效应显著递增，开始由一般营商环境转向良好营商环境时，即以 7.43 为分界线，对居民就业促进效应的变化幅度出现较大跳跃，营商环境指数达到 9.79 时，人工智能发展对居民就业的影响系数从 0.402 跳跃到 0.507。对于农村居民而言，人工智能技术与农村居民就业存在显著负相关关系，营商环境对居民就业呈现显著单门槛效应，但当营商环境指数低于 9.79 时，替代效应不显著，当营商环境指数高于 9.79 时，人工智能发展对农村居民就业的影响系数为-0.482，不利于农村居民进行就业。

以人工智能发展为核心解释变量，营商环境对收入不平等的影响存在单门槛效应，当营商环境指数在 9.41 以下时，人工智能发展对收入不平等的影响系数为-0.182，当营商环境指数达到 9.41 以上时，人工智能发展对收入不平等影响的系数在 1% 的显著性水平上为-0.299，随着营商环境优化度的提高，人工智能的发展不仅没有扩大收入不平等，反而有效地抑制了收入不平等现象扩大。

二、政策建议

基于上述结论研究，提出以下政策建议。应持续优化营商环境，进一步放宽市场准入条件、人工智能领域限制以及就业资格条件等，使社会制度适应技术进步带来的生产力的发展。放宽市场准入条件，持续推动"放管服"改革，降低市场主体进入市场的交易成本，增加市场主体数量，充分发挥大众创业带来的吸纳劳动力能力，缓解收入不平等现象。优化市场金融与纳税服务，保证中小微企业的生存与发展环境，避免由于制度壁垒导致的企业经营危机进而引发失业问题。

重视机会的平等性，包括金融服务机会与教育机会的平等。重视金融服务与融资支持的机会平等性，遏制初始财富禀赋持续分化趋势，与富人不同，普通劳动者缺乏必要的抵押产品而无法获取融资进行投资，个人收入增长速度缓慢，因此要持续完善普惠金融体系，增加个人收入增长机会。重视教育机会的平等性，高等院校招生的地区差异、生源的身份差异及优质高校的地区分布差异均会对教育的公平性产生影响，因此应继续加大对落后地区的教育建设投入，应继续推动"教师教育振兴计划"全面提升教师素质，提升各地区教师教育质量，完善教师教育体系，通过网上优质课程共享实现教育资源的可得性。推动"中西部高等教育振兴计划"落实，扶植有特色的、高水平的地方普通高校，增强中西部地区的教学质量，实现优质院校在各地区的均衡分布。

大力推动新型城镇化发展。有限的城市吸纳劳动力能力与无限的农村劳动力之间的矛盾是农村劳动力就业难的原因之一。大量的农村劳动力向城镇转移后都从事非正规就业，存在低收入、不稳定、缺保障的风险，因此应推动新型城镇化发展，以解决农村劳动力进城后面临的户籍问题、待遇问题、能力问题和工作问题，缓解人工智能发展对就业及收入差距的冲击。

第十章 营商环境优化与人力资本结构升级

第一节 引言

在加快建设全国统一大市场构建新发展格局的背景下，我国经济发展转向以国内大循环为主，国内国际双向促进的新发展格局，这必然增加对高级人力资本的需求。《中华人民共和国国民经济和社会发展第十四个五年规划》明确指出，要推动高质量就业与人力资本高水平发展，实现国内市场的循环畅通，这一系列的政策都表明未来推动人力资本结构升级具有重要意义。通过取消无效行政审批与创新审批方式，营商环境的确激励了民营企业开展创新活动，有益于区域内人力资本结构升级。但也有观点表明在欠发达地区，营商环境优化难以达到实现人力资本结构升级的预期效果。其原因一方面是优化营商环境对人力资本结构的影响与城市经济基础和城市行政等级挂钩，通过产生马太效应产生经济发展水平异质性结果，阻碍地区营商环境对人力资本结构升级的促进效用。另一方面是为了追求地区经济发展，欠发达地区可能会承接大量的转移产业，导致区域内产能过剩，产业结构转型升级困难，从而不利于地区人力资本结构的优化。因此，合理评估优化营商环境的成效，识别营商环境对人力资本结构的影响具有一定的现实意义。

研究优化营商环境的经济效益已经成为学术界的热点议题，但是如何准确衡量优化营商环境对人力资本结构升级的影响仍具有一定的挑战。其一，理论基础较为薄弱，现有文献大都探究了优化营商环境对开办企业、企业创新和企业投资的影响，涉及人力资本结构升级的研究较少。其二，研究思路的设计应准确把握二者关系，与营商环境优化有直接关系的市场主体包括政府和企业等，而人力资本结构升级涉及微观劳动力，因此准确描述二者关系存在一定挑战。其三，准确衡量优化营商环境对人力资本结构升级的促进效果存在一定的难度，优化营商环境可能会对邻接地区就业产生扩散效应或回波效应，从而进一步扩大或抑制了优化营商环境对区域人力资本结构升级的效果。

优化营商环境有利于降低市场交易成本，消除企业寻租行为，提高企业创新能力，进而带动区域内外人力资本结构升级。优化营商环境促进人力资本结构升级的渠道大致可以分为两类：其一为优化营商环境带动产业结构升级进而促进人力资本结构升级，其二为优化营商环境促进企业创新进而带动人力资本结构升级。关于通过产业结构升级促进人力资本结构升级的渠道学术界研究较为充分，而对于通过创新机制促进人力资本结构升级的研究较为缺乏。无论是产业结构升级机制还是企业创新机制，其促进人力资本结构升级的核心问题都是如何有效提升劳动力质量与岗位需求之间的匹配效率，然而现有文献关于优化营商环境通过创新机制促进人力资本结构升级的研究较少。因此本书以此为出发点，探讨优化营商环境促进人力资本结构升级的创新机制以及空间溢出效应，尝试为人力资本结构升级相关理论提供边际贡献。

为了讨论优化营商环境对人力资本结构升级的有效性，通过整理2006~2019年省级层面劳动力质量数据，并整合城市竞争力指数构建省级层面2006~2019年营商环境数据，考察优化营商环境对人力资本结构升级的影响。研究结果显示，优化营商环境对人力资本结构升级存在显著正相关关系，并通过内生性检验与测量误差检验，结果依旧稳健，优化营商环境促进人力资本结构升级的结果具有一定的可信性。同时，考察了优化营商环境促进人力资本结构升级的创新机制，并比较机制下创新数量与创新质量两类渠道的效果。最后，利用空间杜宾方法检验了优化营商环境促进人力资本结构升级的空间溢出效应以及创新机制的空间溢出效应。

第二节　文献综述

优化营商环境对人力资本结构升级的影响在理论上的分析存在截然相反的观

点。营商环境的改善降低了政府对市场的直接干预程度（刘勇政等，2011），消除寻租活动对企业创新资源的挤出，由于企业创新需求与技能型劳动力之间存在互补性（杨飞，2017），从而促进了人力资本结构升级。而政治关联会对企业技术创新产生长期的诅咒效应，通过市场垄断和助长过度投资降低企业的资源配置效率，促使企业开展低风险和快回报的生产活动，不利于企业创新（袁建国等，2015），长期来看不利于区域内人力资本结构升级。优化营商环境实现了政府管制功能向政府服务功能的转变，割断了民营企业向政府寻租的渠道，纠正了寻租对市场创新扭曲的正面影响（夏后学等，2021），提高了企业开展技术创新的收益，促进了人力资本结构升级。同时优化营商环境放宽了各类市场主体进入市场的规制，缩短了办理证件的时间成本，降低了行政审批与实缴资本带来的交易费用，增加了区域内外市场主体数量（宋林霖和蒋申超，2018），扩大了区域内企业间的竞争活动，增强了企业间的竞争力度，导致区域内企业间竞争更为激烈，人才作为企业提升竞争力最基本也是最重要的生产要素，必然是企业优先抢夺的生产要素（高素英等，2016），从而促进了人力资本结构升级。

　　然而依据科斯产权交易理论，有学者提出在市场机制不完善的区域内，当明晰产权归属的费用超过了所节约的费用，一定程度的寻租活动反而降低了不完善的市场机制对企业创新的负面冲击（李建标等，2016），尤其是经济结构转型时期，寻租活动向企业提供了创新资金、政策牵引与知识产权保护，同时加快了获得创新回报的效率，从而增加了企业对技能型人才的需求（李后建和郭华，2015；柳卸林等，2017）。当地区市场化程度不高时，非正式制度可以破解民营企业发展难题，通过构建政治关联帮助企业获得所需资源（1995），包括向政府寻求产权保护，获得管制行业进入资格许可（罗党论和刘晓龙，2009），以及获取便利的融资渠道（唐建新等，2011），帮助企业开展技术创新活动（蔡地等，2014），从而促进了人力资本结构升级。优化营商环境有助于企业进入市场，但是促进了企业竞争，挤压了企业生存空间（王永进和冯笑，2018），从而降低了企业利润率，抑制了技术创新，不利于技能型劳动力就业。

　　优化营商环境是一场深刻的体制改革与制度创新。营商环境建设涉及以政府职能为核心的行政管理体制改革、以完善现代化市场体系为核心的资源配置改革、以开放型经济体系为核心的对外贸易改革（娄成武和张国勇，2018）。制度影响了企业家对劳动力结构的需求，若区域内从事生产性活动企业数量较多，则会增加对技能型人才的需求，若从事非生产性活动企业数量较多，一定程度上降低了企业内部技能型岗位数量（马草原等，2017）。但是有关于优化营商环境与人力资本结构升级之间的关系，并未得到一致的结论。一部分学者认为优化营商环境抑制了企业寻租行为，激励了企业创新，促进了市场竞争，提高了企业对技能型人才的需求。也有学者认为寻租活动有益于企业创新，从而增加了技能型人才的需求。但无论是优化营商环境显著促进了人力资本结构升级，还是优化营商环境对人力资本结构升级的不确定性，可以肯定的是营商环境建设一定会对人力资本结构升级产生影响，本书主要对优化营商环境影响人力资本结构升级的机制及其空间效应展开分析。

可能的贡献在于：第一，从优化营商环境的相关研究来看，鲜有文献探讨了优化营商环境对人力资本结构升级的影响，本书可能为人力资本结构相关理论做出边际贡献。第二，本章研究发现相较于创新数量的影响渠道，优化营商环境通过创新质量的影响渠道可以更好地促进人力资本结构升级。第三，本章分析了优化营商环境促进人力资本结构升级存在的空间溢出效应，发现优化营商环境可以通过创新质量的影响渠道促进邻接地区人力资本结构升级，但不能通过创新数量的影响渠道促进邻接地区人力资本结构升级。

第三节　理论机制与经验假说

一、优化营商环境与人力资本结构升级

人力资本结构能否有效升级主要取决于两点：一是人才供给质量是否提升，二是就业岗位需求能否与人力资本有效匹配。目前来看，人力资本结构难以有效升级的主要原因是岗位需求与人力资本供给的不匹配，而非区域教育水平的问题。本书认为优化营商环境通过降低人力资本配置的交易费用，加快人才资源的配置效率，实现人力资本结构升级。首先，优化营商环境提升了地方政府的政务服务水平，通过实施"人才引进"政策为企业吸纳高级人力资本提供高效便捷的平台，减少了企业搜寻人才与办理各项业务面临的制度性交易费用，加快了人才进入的效率，有利于人力资本结构升级。其次，优化营商环境减少了"寻租"活动对企业生产性资本的挤出，降低了企业开展生产性活动的交易费用，激励企

业家将更多的精力投入生产性活动中，增加了对人力资本的需求，促进人力资本结构高级化。最后，优化营商环境为企业提供了优质的市场服务，通过营造稳定的金融生态环境、提供优质的金融服务，从而减少信贷风险，减少了企业获取融资的交易费用，增加企业对人力资本的需求，促进人力资本结构升级。因此，提出以下研究假设：

H4：优化营商环有效促进了人力资本结构升级。

二、优化营商环境促进人力资本结构升级的创新机制

具体来看，创新机制的影响渠道可以分为两类：其一，优化营商环境简化了行政审批流程，降低了企业开展研发活动的制度性交易成本，消除了企业寻租动机，增加了企业的创新投入，提高了企业对技能型人才需求，即通过创新数量的增加促进了人力资本结构升级。其二，优化营商环境完善市场机制，强化市场监管，保证企业的创新成果能够获得预期的创新收益，从而减少了企业对无效创新的需求，规避了企业为保护核心创新成果而增加相关专利申请的成本，激励企业开展高质量创新活动促进人力资本结构升级。高质量创新活动高效利用了企业的创新资源，提高了企业资源的收益率，激励企业家开展创新质量的研发偏向型活动，消除了"策略性创新"与"骗补性创新"的现象，有效提高了企业创新活动对技能型人才需求，更好地促进了人力资本结构升级。因此，提出以下研究假设：

H5：优化营商环境可以通过创新数量与创新质量的影响渠道促进人力资本结构升级，且创新质量的影响渠道能够更好地促进人力资本结构升级。

三、优化营商环境促进人力资本结构升级具有空间溢出效应

地理学第一定律认为"所有事物都与其他事物相关联，而且距离越近的事物比较远的事物更具有关联性"。因此，本书认为优化营商环境对人力资本结构升级存在空间溢出效应，主要通过以下路径产生。由于政府官员的不完全理性，区域内营商环境建设政策的制定与推进可能存在滞后于市场发展的情况，本地政府官员为了更好地优化本地营商环境，通过借鉴现有的先进营商环境优化方案，结合本地正式制度与非正式制度的特点，以及区域内市场化程度，转化成具有区域特质的营商环境优化方案，在实施中不断完善，并提高区域政府的治理能力。营商环境的改善实现了政府管制市场向政府服务市场角色的转变，消除了一直以来

由于政府官员"晋升锦标赛"导致市场分割的问题，扩大了市场规模，一方面激励政府官员进一步优化营商环境，利用制度机制降低本地企业获取技能型人才的交易费用，提高了企业岗位需求与技能型人才的匹配率；另一方面激励了区域内企业提升自身市场竞争力以获取更大市场规模，增加了对技能型人才的需求，促进了人力资本结构升级。因此，提出以下研究假设：

H6：优化营商环境促进人力资本结构升级具有空间溢出效应。

第四节　指标数据测算与模型设定

一、被解释变量

使用全国省级层面 2006～2019 年面板数据进行固定效应实证分析，由于西藏自治区大量数据缺失，因此剔除该样本。将劳动力市场中大专及以上学历（包括大学专科、大学本科、研究生、博士生）劳动力占总劳动力的比重作为人力资本结构升级的代理变量（孙早和侯玉林，2019；郑礼明等，2021）。2015～2018年劳动者受教育程度分类数据多出中等职业教育和高等职业教育两项指标，依据2019 年国务院印发的《国家职业教育改革实施方案》，将高等职业教育视为优化高等教育结构的重要方式，本书将高等职业教育学历劳动者归为高技能人才。

二、解释变量

现有学者对营商环境评价体系构建做了大量的探究，包括政商关系"清亲"指数（聂辉华，2020）、城市营商环境指数（李志军，2020）和城市竞争力指数（倪鹏飞，2020）等，但大部分营商环境评价体系构建起步较晚，或缺乏对营商软环境和营商硬环境两方面的考察。《中国城市竞争力报告》被认为是国内最早的营商环境评价体系，自 2002 年起已经连续发布 18 份报告，且从城市硬实力和城市软实力两个方面进行分析，具有横向城市跨度与纵向年份跨度的特点，因此选择城市竞争力指数衡量城市营商环境质量较为合理。

将 2006～2019 年营商环境数据进行市级城市层面的匹配，删去缺失变量和异常变量，利用归一标准化方法处理后将城市层面数据汇总成省级层面数据，得到解释变量。

三、控制变量

地区经济繁荣度，用人均 GDP 衡量，使用 GDP 指数以 2000 年为基期对人均 GDP 进行调整。地区高新技术水平，用省内高新技术企业数量衡量。城市环境，用城市内 PM2.5 浓度衡量。地区教育水平，用省内高等教育学校数量衡量。产业结构，用地区第三产业增加值占地区 GDP 生产总值衡量。地区教育重视度，用地区财政性教育经费占地区财政一般预算支出比重衡量。贸易开放度，用地区贸易进出口总额占地区 GDP 生产总值衡量。生活成本，用地区居民人均消费总量衡量。交通通达度，用省内城市高铁建成数量衡量。核心变量统计性描述如表 10-1 所示。

表 10-1 核心变量统计性描述

变量	均值	标准差	最小值	最大值	观察值
Hpe	15.766	10.247	3.006	62.185	420
Mhpe	15.462	9.356	3.380	57.960	420
Whpe	16.253	11.530	2.574	67.358	420
Lnbus	-1.405	0.811	-2.991	-0.025	420
Lnpgdp	10.521	0.613	8.663	12.008	420
Lnhtl	5.988	1.396	2.639	9.164	420
Uaq	47.339	17.529	15.347	91.200	420
Lnedl	4.226	0.644	2.197	5.118	420
Lnins	8.368	0.198	7.959	9.030	420
Lneda	2.793	0.158	2.292	3.101	420
Lnpean	0.975	0.974	-1.696	3.254	420
Lnlco	5.692	0.959	2.668	7.779	420
Tab	3.941	4.022	0.000	19.000	420

四、模型构建

本书主要依据 2006~2019 年省级层面数据，考察优化营商环境对人力资本结构升级的影响。首先研究优化营商环境对人力资本结构升级的总体影响，以及营商环境促进人力资本结构升级是否存在异质性；其次检验优化营商环境促进人力资本结构升级的创新机制；最后检验优化营商环境促进人力资本结构升级的空间溢出效应及影响机制的空间溢出性。

依据经验假说构建固定效应模型，检验优化营商环境对人力资本结构升级的影响。

$$Hpe_{it} = \beta_0 + \beta_1 lnbus_{it} + \beta_2 controls_{it} + i.\,id + i.\,year + \epsilon_{it} \qquad (10\text{-}1)$$

下脚标 i 表示城市，t 表示时间。Hpe_{it} 表示人力资本结构升级。$lnbus_{it}$ 表示城市营商环境指数的对数，$controls_{it}$ 表示控制变量向量组，具体包括 $Pgdp$、Htl、Uaq、Edl、Ins、Eda、$Pean$、Lco 和 Tab。$i.\,id$ 表示个体固定效应，$i.\,year$ 表示时间固定效应，ϵ_{it} 表示随机扰动项。其中，β_1 是基准模型主要考察的系数。所有估计均使用稳健标准误估计，以解决可能存在的异方差问题。

第五节　实证结果分析与假设验证

一、优化营商环境促进人力资本结构升级

如表 10-2 所示，首先对优化营商环境与人力资本结构升级做不包含控制变量的混合回归模型，结果显著抑制人力资本结构升级，加入控制变量后，优化营商环境对人力资本结构升级具有正向影响，但不显著，列（1）与列（2）回归结果具有差异，说明混合回归实证方法不稳健。由于混合回归模型假定不存在个体效应，故对混合回归做最大似然估计，列（3）结果强烈拒绝不存在个体固定效应的假设。因此列（4）和列（5）分别为不加控制变量与加入控制变量的面板固定效应模型。

未加控制变量的情况下，优化营商环境促进人力资本结构升级的影响系数为 2.059，控制遗漏变量后优化营商环境对人力资本结构升级的影响系数为 2.039，且均在 5% 的水平上显著，说明加入控制变量后一定程度解决了遗漏变量造成的内生性问题。假设 4 得到验证，结果支持了优化营商环境降低人力资本结构升级的交易费用，促进人力资本结构升级的研究假设。

表10-2　营商环境对人力资本结构升级回归结果

变量	混合回归 (1)	混合回归 (2)	MLE (3)	固定效应 (4)	固定效应 (5)
Lnbus	-3.889*** (-11.47)	0.263 (1.25)	2.308*** (4.70)	2.059*** (2.81)	2.039** (2.67)
Controls	NO	YES	NO	NO	YES
控制个体	NO	NO	NO	YES	YES
控制时间	NO	NO	YES	YES	YES
N	420	420	420	420	420
F (LR, Wald) (p_value)	131.45 (0.000)	557.65 (0.000)	410.09 (0.000)	176.34 (0.000)	189.07 (0.000)

注：***、**、*分别表示在1%、5%、10%水平上显著。

二、稳健性检验

（一）内生性检验

本书已经证实优化营商环境可以显著促进人力资本结构升级，但是区域内人力资本结构升级可能促进企业创新，推动经济高质量发展，激励地方政府进一步优化营商环境，从而导致内生性问题。因此，本书首先采用广义矩估计模型中的差分GMM和系统GMM对模型进行估计，使用滞后两期的解释变量作为工具变量，解决双向因果造成的内生性问题。其次以各城市开埠通商历史作为工具变量，使用两阶段最小二乘法克服经验估计中解释变量的内生性问题。

如表10-3所示，差分GMM、系统GMM与2SLS实证结果均显著支持了优化营商环境对人力资本结构升级的促进作用。列（1）和列（2）Arelleno-Bond序列相关检验结果支持了统计意义上二阶序列不相关的原假设，通过了自相关检验，Hansen检验的结果意味着工具变量的选择从整体上看是有效的。因此，差分GMM和系统GMM的估计结果是一致且可靠的。列（3）工具变量的F值大于10，说明工具变量的选择是有效的。列（1）、列（2）和列（3）的结果表明在解决了内生性问题后，优化营商环境促进人力资本结构升级的结果是稳健的。

表 10-3 内生性检验

变量	差分 GMM (1)	系统 GMM (2)	2SLS (3)
Lnbus	0.941 *** (3.22)	0.718 * (1.80)	7.067 *** (4.61)
Controls	YES	YES	YES
控制个体	NO	NO	YES
控制时间	NO	NO	YES
N	390	420	420
工具变量 F			32.270
AR（2）检验 P 值	0.831	0.711	
Hansen	0.112	0.669	

注：***、**、*分别表示在 1%、5%、10%水平上显著。AR（2）检验 P 值报告了二阶序列相关检验的 P 值。

（二）测量偏误检验

一种经济指标有多种测量方式，这就可能带来测量偏误导致的不稳健问题，据此本书需要进行指标的测量偏误检验。不同学历劳动力工资差异衡量人力资本结构升级在敏感度上要优于不同学历劳动力占比，但是目前不同学历劳动力工资数据难以获得（孙早，2019）。依据《国民经济行业分类》、高技术产业（制造业）分类（2013）和高技术产业（服务业）分类（2018），将信息传输、计算机服务和软件业、金融业、科学研究技术服务与地质勘查业、水利环境和公共设施管理业、教育业、文化体育和娱乐业，以及公共管理和社会组织行业人均工资作为被解释变量的替换指标，衡量优化营商环境对人力资本结构升级的影响。

测量偏误稳健性检验结果如表 10-4 所示，首先做不包含控制变量的营商环境对人力资本结构升级的混合回归模型，显著抑制了人力资本结构升级，加入控制变量后，优化营商环境显著促进了人力资本结构升级，列（1）与列（2）回归结果差异较大，说明更换指标后，混合回归实证方法仍不稳健。由于混合回归模型假定不存在个体效应，故对混合回归做最大似然估计，列（3）结果强烈拒绝不存在个体固定效应的假设。因此，列（4）和列（5）分别为不加控制变量与加入控制变量的面板固定效应模型。

未加控制变量的情况下，优化营商环境促进人力资本结构升级的影响系数为

1.298，控制遗漏变量后优化营商环境对人力资本结构升级的影响系数为1.097，且均在5%的水平上显著，基本回归结果没有发生显著的变化，说明以上结果具有稳健性。

表10-4　测量偏误检验的实证结果

变量	混合回归 （1）	混合回归 （2）	MLE （3）	固定效应 （4）	固定效应 （5）
Lnbus	−1.241*** （−10.26）	1.470*** （5.47）	1.161*** （9.12）	1.298*** （6.21）	1.097** （8.04）
Controls	NO	YES	NO	NO	YES
控制个体	NO	NO	NO	YES	YES
控制时间	NO	NO	YES	YES	YES
N	420	420	420	420	420
F（LR，Wald） （p_value）	105.17 （0.000）	1176.91 （0.000）	261.38 （0.000）	188.00 （0.000）	766.11 （0.000）

注：***、**、*分别表示在1%、5%、10%水平上显著。

三、异质性分析

（一）区域异质性检验

表10-5为区域异质性检验结果。结果表明西部地区存在优化营商环境对人力资本结构升级的显著正影响，而该种相关关系在我国东、中部地区的影响不显著。存在该种情况的异质性原因可能是相较于西部地区，东、中部地区的人力资本市场竞争更为激烈，大量的人力资本流入东、中部地区产生竞争效应，因此仅通过优化营商环境为企业提供优质的人才政策难以促进人力资本结构升级。

表10-5　区域异质性实证结果

变量	东部地区 （1）	中部地区 （2）	西部地区 （3）
Lnbus	0.862 （0.93）	1.966 （1.20）	3.010** （2.39）
Controls	YES	YES	YES
控制个体	YES	YES	YES

变量	东部地区 （1）	中部地区 （2）	西部地区 （3）
控制时间	YES	YES	YES
N	182	84	154
F（LR，Wald） （p_value）	338.49 （0.000）	111.89 （0.000）	124.73 （0.000）

注：***、**、*分别表示在1%、5%、10%水平上显著。

（二）性别异质性检验

相较于男性，有更多的女性从事非正规工作，从而导致女性就业质量远低于男性。那么优化营商环境促进人力资本结构升级是否存在性别差异，是扩大了这种趋势还是缩小了这种趋势。

性别异质性检验结果如表10-6所示，优化营商环境促进人力资本结构升级不存在性别上的差异。列（1）影响系数小于列（2）影响系数，说明优化营商环境缩小了女性与男性人力资本结构升级逐渐扩大的趋势。这与周婷和沈开艳（2021）的研究结果一致，性别平等有利于地区营商环境的改善，从而提高了女性的社会地位，反过来有利于促进女性人力资本结构升级。但这也可能造成互为因果的内生性问题，因此利用各省份开埠通商历史作为工具变量，使用两阶段最小二乘法解决可能存在的内生性问题。列（3）与列（4）的实证结果说明了上述结论的稳健性，优化营商环境缩小了女性就业质量与男性就业质量之间的差距。

表10-6　性别异质性实证结果

变量	男性 （1）	女性 （2）	男性 2SLS （3）	女性 2SLS （4）
Lnbus	1.913*** （2.42）	2.136*** （2.78）	6.901*** （4.78）	7.245*** （4.02）
Controls	YES	YES	YES	YES
控制个体	YES	YES	YES	YES
控制时间	YES	YES	YES	YES
N	420	420	420	420

续表

变量	男性 （1）	女性 （2）	男性 2SLS （3）	女性 2SLS （4）
F（LR，Wald） （p_value）	162.38 （0.000）	1302.55 （0.000）		
工具变量 F			32.2704	32.2704

注：＊＊＊表示在1%水平上显著。

四、机制识别

对优化营商环境促进人力资本结构升级的理论机制做实证检验。大量学者提出中国式创新存在重数量轻质量的现实困境。在我国，专利申请数量是企业申报高新技术企业和创新基金等计划的前提，更是保护已有的知识产权体系，减少企业研发溢出损失的方法。那么优化营商环境消除寻租活动，保护企业创新成果，是否激励企业开展有质量的研发偏向型活动，从而更有效地促进人力资本结构升级。因此，将创新机制分成创新数量与创新质量两类渠道进行检验。创新数量（pat）使用区域内专利申请量表示，创新质量（inp）使用区域内发明专利申请量表示。

影响机制检验结果如表10-7所示，营商环境与创新数量交叉项，以及营商环境与创新质量的交叉项对人力资本结构升级的估计系数显著为正，且列（2）影响系数高于列（1）的影响系数，说明优化营商环境通过激励企业开展高质量的研发偏向型创新活动更有效地促进了人力资本结构升级。列（3）与列（4）的两阶段最小二乘法结果证明了上述结论的稳健性，优化营商环境通过创新机制显著促进了人力资本结构升级，且创新质量的影响渠道能够更好地促进人力资本结构升级。假设5得证。

表10-7　创新数量与创新质量的影响机制

被解释变量	创新数量 （1）	创新质量 （2）	创新数量（2sls） （3）	创新质量（2sls） （4）
lnbus×pat	0.118＊＊＊ （3.53）		0.232＊＊＊ （5.02）	
lnbus×inp		0.408＊＊＊ （4.96）		0.715＊＊ （5.30）

续表

被解释变量	创新数量 （1）	创新质量 （2）	创新数量（2sls） （3）	创新质量（2sls） （4）
Controls	YES	YES	YES	YES
控制个体	YES	YES	YES	YES
控制时间	YES	YES	YES	YES
Robust	YES	YES	YES	YES
N	420	420	420	420
Wald （p_value）	550.13 （0.000）	745.68 （0.000）		
工具变量 F			45.777	45.727

注：***、**、*分别表示在1%、5%、10%水平上显著。

第六节　扩展性分析

一、空间相关性检验

区域内某一种经济现象或属性值与经济发展水平相近地区的经济现象或属性值是相关的，因此数据间可能存在空间相依或空间自相关性。首先使用全局莫兰指数检验变量在地区间是否存在空间自相关。选取邻接距离空间权重矩阵，计算出2006~2019年省级全局莫兰指数。表10-8表明，2006~2019年营商环境与人力资本结构升级的 Moran's I 指数均为正值，除2007年营商环境指数外，其余年份均通过了显著性检验，这意味着营商环境与人力资本结构升级在空间上并非随机分布，而是存在非常显著的空间相关性。

表10-8　2006~2019年主要数据全局 Moran's I 指数检验结果

年份	HPE	Lnbus	年份	HPE	Lnbus
2006	0.197** （2.271）	0.176** （2.058）	2007	0.180** （2.075）	0.093 （1.160）

续表

年份	HPE	Lnbus	年份	HPE	Lnbus
2008	0.184** (2.074)	0.128* (1.590)	2014	0.285*** (3.070)	0.187** (2.097)
2009	0.197** (2.209)	0.100* (2.150)	2015	0.342*** (3.465)	0.189** (2.117)
2010	0.242*** (2.725)	0.131* (1.474)	2016	0.341*** (3.442)	0.195** (2.177)
2011	0.235*** (2.751)	0.165** (1.780)	2017	0.332*** (3.351)	0.220*** (2.409)
2012	0.252*** (2.953)	0.215*** (2.470)	2018	0.361*** (3.595)	0.313*** (3.232)
2013	0.284*** (3.104)	0.204** (2.269)	2019	0.317*** (3.226)	0.378*** (3.648)

注: ***、**、* 分别表示在1%、5%、10%水平上显著。

二、空间面板模型的筛选

由于无法通过经验判断在空间自回归模型（SAR）和空间误差模型（SEM）中是否存在空间依赖性，借助极大似然估计法估计 SAR 模型和 SEM 模型的标准和稳健拉格朗日乘子统计量，选择合适的空间计量模型。如表 10-9 所示，极大似然估计结果表明 SAR 模型和 SEM 模型两种空间计量模型的 LM 检验结果均具有统计意义上的显著性，其中较优的选择是 SAR 模型，但也有学者提出 SAR 模型与 SEM 模型存在假设条件的不足，SEM 模型假设空间溢出来自随机冲击，SAR 模型假设空间溢出来自因变量的空间滞后因素，然而空间溢出效应可能同时来源于因变量的空间滞后与随机冲击。因此，使用 Lratio 检验 SDM 是否会退化成 SAR 模型和 SEM 模型。

表 10-9 极大似然估计法结果

统计量名称	Statistic	P—value
Lm—err	3.537	0.060
Rlm—err	0.660	0.417
Lm—lag	7.903	0.005
Rlm—lag	5.025	0.025

如表 10-10 所示，空间杜宾退化成空间自相关和空间误差模型的统计量检验结果分别为 49.30 和 56.70，在 1% 的水平上拒绝了空间杜宾退化的假设，因此本书使用空间杜宾模型分析优化营商环境对人力资本结构升级的空间溢出效应。

表 10-10 Lratio 检验结果

Lratio 检验	Statistic	P—value	结论
SAR	49.30	0.000	拒绝
SEM	56.70	0.000	拒绝

（一）空间杜宾模型的估计

检验结果拒绝了空间杜宾模型可以退化成空间自相关模型以及空间误差模型的原假设，因此接下来使用空间杜宾模型检验优化营商环境对人力资本结构升级的促进效用。如表 10-11 所示，直接效用结果表明，优化营商环境可以显著促进本地人力资本结构升级，本地营商环境优化对人力资本结构升级的影响系数为 1.647，且通过统计显著性检验。间接效应结果支持了优化营商环境对人力资本结构升级存在空间溢出效应的假设，且通过了统计显著性检验。假设 6 得证。

表 10-11 优化营商环境的空间溢出效应分解

变量	直接效应	间接效应	总效应
Lnbus	1.647 *** (3.52)	1.941 *** (2.88)	3.588 *** (4.28)
Controls	YES	YES	YES
控制个体	YES	YES	YES
控制时间	YES	YES	YES
Robust	YES	YES	YES
N	420	420	420

注：*** 表示在 1% 水平上显著。

（二）创新机制的空间溢出效应检验

表 10-11 的结果表明了优化营商环境对人力资本结构升级的影响存在空间溢出效用，那么优化营商环境是否会通过促进本地创新，对邻地人力资本结构升级产生促进效益。如表 10-12 所示，利用空间杜宾模型检验优化营商环境促进人力

资本结构升级的创新机制以及对两类影响渠道进行比较。列（2）的结果表明优化营商环境不能通过创新数量的影响渠道促进邻接地区人力资本结构升级，列（4）的结果表明优化营商环境能够通过创新质量的影响渠道促进邻近地区人力资本结构升级。影响机制的空间溢出效应检验结果说明了地区优化营商环境后，区域内创新数量的增加，不会对邻接地区的市场产生冲击，但是优化营商环境可以通过提升区域内创新质量，对邻接地区的市场产生冲击，加大了区域外的市场竞争，促进邻接地区的人力资本结构升级。

表 10-12　影响机制的空间溢出效应检验及影响渠道比较

变量	创新数量		创新质量	
	直接效应 （1）	间接效应 （2）	直接效应 （3）	间接效应 （4）
lnbus×pat	0.114*** (6.53)	0.032 (1.12)		
lnbus×inp			0.360*** (7.01)	0.157* (1.90)
Controls	YES	YES	YES	YES
控制个体	YES	YES	YES	YES
控制时间	YES	YES	YES	YES
Robust	YES	YES	YES	YES
N	420	420	420	420

注：***、*分别表示在1%、10%水平上显著。

第七节　结论与启示

一、结论

通过整理 2006~2019 年城市竞争力报告，利用 2006~2019 年省级层面数据探究了优化营商环境对人力资本结构升级的影响，并进一步讨论了创新数量与创新质量的影响渠道，分析了优化营商环境对人力资本结构升级及其创新机制的空间溢出效应。结果发现，优化营商环境有效促进了人力资本结构升级，这一结论在选取开埠通商为工具变量和广义矩估计等稳健性检验后仍然成立。异质性分析表明优化营商环境促进人力资本结构升级存在区域异质性，但不存在性别歧视，且缩小了女性就业质量与男性就业质量之间的差距。影响渠道分析显示，企业开展创新活动是优化营商环境促进人力资本结构升级的重要机制，且机制下创新质量的影响渠道能够更好地促进人力资本结构升级。最后，采用空间杜宾模型进行扩展分析得出优化营商环境促进人力资本结构升级存在正向的空间溢出性，但创新数量的增长不是空间溢出性的影响渠道，创新质量的提升是对邻近地区产生空间溢出性的重要影响渠道。

二、启示

本书的研究结论为地方政府持续优化营商环境提供了理论支撑，也为促进地方人力资本结构升级提供了有效的政策建议。

（1）地方政府在优化营商环境时，不仅要考虑到地方企业的发展，更应重视营商环境建设对地区人力资本结构升级的影响，从而整体上符合优化营商环境对社会福利的促进效用。

（2）区域内企业创新能力的强弱会影响营商环境建设对人力资本结构升级促进效用的大小，相较于企业开展创新数量的研发偏向型活动，创新质量的研发偏向型活动更能有效促进区域内人力资本结构升级，同时影响机制的空间溢出效应表明区域内营商环境的改善可以通过创新质量的影响渠道促进区域外人力资本结构升级。因此，现阶段地方政府应持续加大对企业创新活动的支持力度，但不是简单地支持企业开展创新活动，而是要有选择地支持开展有效创新、有质量创新与自主创新的企业，鼓励自主创新型企业做优做强，同时应重视对区域内知识产权的保护，从而有效促进人力资本结构升级。

（3）地方政府应充分认识区域营商环境建设的空间溢出效应。一方面改革地方政府晋升的评价标准，避免地方政府对市场的无效干预，消除市场间存在的隐性政策壁垒。另一方面激励地方政府充分发挥"干中学"精神，在区域内设立营商环境试验区，移植并培育具有地方特色的营商环境，更好地发挥优化营商环境的空间溢出效应，有效促进人力资本结构升级。

第十一章　总结

本书的核心内容是交易费用测度，分别测算出中国的市场交易费用和非市场交易费用，同时从交易效率视角理解微观交易费用与宏观交易费用之间的内在联系。本书主要得出以下几个结论：

第一，交易费用是衡量制度质量关键变量，宏观和微观两个层面交易费用都伴随经济增长会同步增长。交易费用增长原因是专业化分工、技术进步和制度变迁带来市场容量扩张、交易效率提升和市场规模边际增长。交易效率提高，降低单位交易成本，活跃市场交易，增加宏观交易规模。交易效率决定微观交易费用，微观交易费用高低决定宏观交易费用规模，经济增长与宏观交易费用正相关，与微观交易费用负相关。Wallis 和 North（1986）对此的解释是规模扩张前提是市场扩张，市场扩张需要解决阻碍市场一体化形成制度性约束。政府推进市场化改革通过提升政府治理能力，使运用政治制度重构产权、确定产权和执行交易成本下降，这一变化结果是，各种政治组织孕育而生，为大规模市场交易执行提供法律保障和制度支撑，降低交易的搜寻、执行与监督成本。

第二，制度好坏决定交易费用高低，但并不是通过交易费用大小衡量制度好坏，好的制度降低单位交易费用，提升交易效率，总量交易费用增长；坏的交易费用增加单位交易费用，降低交易效率，阻碍市场交易规模化，交易费用反而降低。开放格局下经济体的国内贸易和国际贸易从人格化贸易趋向非人格化，拓宽市场规模和交易容量，关系型交易被市场型交易替代，交易双方需要投入更多成本解决信息不对称带来的搜寻成本、谈判成本和监督成本，增加单位交易费用。因此，如何降低单位交易费用，提升交易效率是促进市场交易和分工的关键。对于进行深层次改革中国市场经济而言，规模扩张、技术进步和政府制度质量提升都能够显著降低单位交易费用，提升交易效率。

第三，交易费用与营商环境密切相关。营商环境优化是降低市场经济的制度性成本。正式制度完善包括法律制度、产权制度、市场制度、价格制度、货币制度和信用制度等，政府通过完善制度来降低交易双方对未来不确定预期、事后监督成本和执行成本。非营利性组织具有不可替代作用，成熟市场化既需要政府机构提供法律层面制度保障，同时也需要建立良好的非营利性组织。依靠科学技术进步，推进信息化建设，降低“技术型”交易成本。技术进步能够显著降低交易成本，分权背景下的地方政府具有强烈动机发展地方交通基础设施与通信领域，降低远距离、跨地域的贸易成本，显著降低单位交易成本（交易效率）下降引起更多市场交易，提升营商环境质量。

本书还存在几个不足之处，需要进一步完善。首先，统计口径的变化和数据的可获得性，长期的交易费用的测度存在困难，统计口径的四次变化，对于交易部门和转换部门的划分存在一定的误差，无法从一个更长的时间来考察中国交易费用的长期变化趋势，中国市场交易费用的长期变化趋势的测度准确性有待提升。其次，对于非市场交易费用的测度，本书从营商环境视角对比中国不同城市的非市场交易费用差异。最后，本书从交易效率视角论证微观交易费用与宏观交易费用之间的关联，对于影响交易效率的因素可能不够全面。本书不足之处，也是下一步的研究起点和创新点所在。

参考文献

［1］Acemoglu D, Johnson S, Robinson J A, et al. Institutional Causes, Macro-economic Symptoms: Volatility, Crises and Growth ［J］. CEPR Discussion Papers, 2002 （1）: 125-131.

［2］Acemoglu D, Restrepo P. Robots and Jobs: Evidence from US Labor Markets ［J］. NBER Working Papers, 2020 （6）: 2188-2244.

［3］Acemoglu D, Johnson S, Robinson J A. The Colonial Origins of Comparative Development: An Empirical Investigation ［J］. American Economic Review, 2001 （91）: 1369-1401.

［4］Arrow K. The Organization of Economic Activity: Issues Pertinent to the Choice of Market Versus Nonmarket Allocation ［J］. USA Joint Economic Committee, 1969 （1）: 59-73.

［5］Astley W G, Fombrum C J. Collective Strategy－social Ecology of Organizational Environments ［J］. Academy of Management Review, 1983 （6）: 576-587.

［6］Autor D H. Why Are There Still So Many Jobs? The History and Future of Workplace Automation ［J］. The Journal of Economic Perspectives, 2015, 29 （3）: 3-30.

［7］Baber Zaheer, J B Foster. The Vulnerable Planet: A Short Economic History of the Environment ［J］. Contemporary Sociology, 1995, 24 （1）: 82.

［8］Benham A, Benham L. The Costs of Exchange: An Approach to Measuring Transactions Costs ［D］. Washington: Washington University, 2004.

［9］Benham A, Benham L. Measuring the Costs of Exchange Manuscript ［Z］. 1998.

[10] Bennett J, Iossa E. Delegation of Contracting in the Private Provision of Public Services [J]. Review of Industrial Organization, 2006 (29): 75-92.

[11] Besley T, Ghatak M. Government Versus Private Ownership of Public Goods [J]. Quarterly Journal of Economics, 2001 (116): 1343-1372.

[12] Bhardwaj R, Brooks L. The January Anomaly: Effects of Low Share Price [J]. The Journal of Finance, 1992, 47 (2): 553-575.

[13] Bhushan B, Lowry J A. Friction and Wear of Particulate and ME Magnetic Tapes Sliding Against a Mn-Zn Ferrite Head in a Linear Mode [J]. IEEE Transactions on Magnetics, 1994, 30 (6): 4176-4178.

[14] Boyreau–Debray G. Financial Intermediation and Growth: Chinese Style [R]. World Bank Working Paper, 2003.

[15] Campos N F, Nugent J B. Development Performance and the Institutions of Governance: Evidence from East Asia and Latin America [J]. World Development, 1999, 27 (3): 439-452.

[16] Chandler A D. The Visible Hand: The Management Revolution in American Business [M]. Massachusetts: Belknap, 1977.

[17] Chermak J M. Political Risk Analysis: Past and Present [J]. Resources Policy, 1992, 18 (3): 167-178.

[18] Chobanov G, Egbert H. The Rise of the Transaction Sector in the Bulgarian Economy [J]. Comparative Economic Studies, 2007, 49 (4): 683-698.

[19] Coase R H. The Nature of the Firm [J]. Economica, 1937, 4 (16): 386-405.

[20] Coase R H. The Problem of Social Cost [J]. Journal of Law and Economics, 1960 (3): 1-44.

[21] Colby B G. Transactions Costs and Efficiency in Western Water Allocation [J]. American Journal of Agricultural Economics, 1990, 72 (5): 1184-1192.

[22] Colby. Bargaining over Agricultural Property Rights [J]. American Journal of Agricultural Economics, 1990 (72): 1184-1192.

[23] Dagnino–Pastore J M, Farina P E. Transaction Costs in Argentina [Z]. 1999.

[24] Dalen H P V, Vuuren A P V. Greasing the Wheels of Trade: A Profile of

the Dutch Transaction Sector [J]. De Economist, 2005, 153 (2): 139-165.

[25] David J Teece. Profiting from Technological Innovation: Implications for Integration, Collaboration, Licensing and Public Policy [Z]. 1986.

[26] De Soto H. The Other Path: The Invisible Revolution in the Third World [M]. New York: Harper & Row Publishers, 1989.

[27] De Canio, Stephen J. Robots and Humans Complements or Substitutes? [J]. Journal of Macroeconomics, 2016 (49): 280-291.

[28] Deepak Lal. The Political Economy of the Predatory State [M]. New York: Ronald Press, 2010.

[29] Demsetz H. Information and Efficiency: Another Viewpoint [J]. The Journal of Law & Economics, 1969, 12 (1): 1-22.

[30] Demsetz H. The Cost of Transacting [J]. The Quarterly Journal of Economics, 1968, 82 (1): 33-53.

[31] Djankov S, La Porta R, Lopez-de-Silanes F, et al. The Regulation of Entry [J]. Quarterly Journal of Economics, 2002, 117 (1): 1-37.

[32] Dollery B, Leong W H. Measuring the Transaction Sector in the Australian economy, 1911 - 1991 [J]. Australian Economic History Review, 1998, 38 (3): 207-231.

[33] Easterlin R A. Twentieth-Century American Population Growth [Z]. 2000.

[34] Easterly W, Levine R. Tropics, Germs, and Crops: How Endowments Influence Economic Development [Z]. 2003.

[35] Escaleras M, Chiang E P. Fiscal Decentralization and Institutional Quality on the Business Environment [J]. Economics Letters, 2017, 159 (10): 161-163.

[36] Fischer S. Long-term Contracting, Sticky Prices, and Monetary Policy': A Comment [J]. Access & Download Statistics, 1977, 3 (3): 317-323.

[37] Francesconi M, Muthoo A. Control Rights in Complex Partnerships [M]. Coventry: University of Warmck, 2006.

[38] Gabre - Madhin E Z. Market Institutions, Transaction Costs, and Social Capital in the Ethiopian Grain Market [Z]. 2001.

[39] Ghertman M, Allègre L. Hadida. Institutions, Institutional Change, Strategic Assets and Competitive Advantage of American and French Film Industries (1895-

1998) [R]. Working Papers, 1999.

[40] Ghertman M. Measuring Macro-Economic Transaction Costs: A Comparative Perspective and Possible Policy Implications [C]. Second Annual Conference of the International Society for New Institutional Economics, 1998.

[41] Gillanders R. Corruption and Infrastructure at the Country and Regional Level [J]. Journal of Development Studies, 2014, 50 (6): 803-819.

[42] Goldberg V P. Production Functions, Transactions Costs and the New Institutionalism [M] //Issues in Contemporary Microeconomics and Welfare. Palgrave Macmillan UK, 1985.

[43] Greenstone M, Hanna R. Environmental Regulations, Air and Water Pollution, and Infant Mortality in India [J]. Social Science Electronic Publishing, 2011, 104 (10): 1573-1576.

[44] Grossman S J, Hart O D. The Costs and Benefits of Ownership: A Theory of Vertical and Lateral Integration [J]. The Journal of Political Economy, 1986, 94 (4): 691-719.

[45] Hart O, Shleifer A, Vishny R. The Proper Scope of Government: Theory and an Application to Prisons [J]. Quarterly Journal of Economics, 1997 (112): 1119-1158.

[46] Hart O. Incomplete Contacts and Public Ownership : Remarks and an Application to Public-Private Partnerships [J]. Economic Journal, 2003 (119): 69-76.

[47] Hazledine T. Measuring the New Zealand Transaction Sector, 1956-1998, with an Australian Comparison [J]. New Zealand Economic Papers, 2001, 35 (1): 77-100.

[48] Hendriks P H J. Organisational Impact of Knowledge-Based Systems: A Knowledge Perspective [J]. Knowledge-Based Systems, 1999, 12 (4): 159-169.

[49] Hearne R R, Easter K W. Water Allocation and Water Markets: An Analysis of Gains-form-Trade in Chile [R]. 1995.

[50] Ian S, Debapratim D, Alex C. Technology and People: The Great Job-Creating Machine [EB/OL]. [2015-09-28]. https: //www2. deloitte. com/uk/en/pages/finance/articles/technology-and-people. html.

[51] Joachim J, Poncet S. Export Sophistication and Economic Growth: Evdence from China [J]. Journal of Development Economics, 2012, 97 (2): 281-292.

[52] Karpoff K P, D Walkling. The Use of Laboratory Test to Develop Design Criteria for Protective Filters [Z]. 1955.

[53] Karpoff J M. Costly Short Sales and the Correlation of Returns with Volume [J]. Journal of Financial Research, 1988, 11 (3): 173-188.

[54] Kaufmann D, Recanatini F, Anderson J H. Service Delivery, Poverty and Corruption-Common Threads from Diagnostic Surveys [Z]. 2003.

[55] Knack S, Keefer P. Institutions and Economic Performance: Cross-Country Tests Using Alternative Institutional Indicators [J]. MPRA Paper, 1995, 7 (3): 207-227.

[56] Korinek A, Stiglitz J E. Artificial Intelligence and its Implications for Income Distribution and Unemployment [R]. NBER Chapters, 2018.

[57] Lucas Robert E. On the Mechanics of Economic Development [J]. Quantitative Macroeconomics Working Papers, 1999, 22 (1): 3-42.

[58] Malone R F, Burden D G, Manthe D P. Automatic Determination of Filter Efficiency in Recirculating Systems [J]. IFAC Proceedings Volumes, 1987, 20 (7): 143-146.

[59] Martimort D, J. Pouyet. Build it Not: Normative and Positive Theories of Public-Private Partnerships [J]. International Journal of Industrial Organization, 2008 (26): 393-411.

[60] Masten S E, Meehan J W, Snyder E A. The Costs of Organization [J]. Journal of Law, Economics & Organization, 1991, 7 (1): 1-25.

[61] Mauro P. Corruption and Growth, Quarterly Journal of Economics [J]. Quarterly Journal of Economics, 1995, 116 (3): 1329-1372.

[62] McCann L, Easter K W. Transaction Costs of Policies to Reduce Agricultural Phosphorous Pollution in the Minnesota River [J]. Land Economics, 1999 (75): 402-414.

[63] Moe T M. The New Economics of Organization [J]. American Journal of Political Science, 1984, 28 (4): 739-777.

[64] Mulligan G, Schmidt C. A Note on Localization and Specialization [J].

Grow and Change, 2005 (36): 565-576.

［65］ Murphy K M, Vishny R W. Why is Rent-Seeking so Costly to Growth? [J]. American Economic Review, 1993, 83 (2): 409-414.

［66］ North D C, Weingast B R. Constitutions and Commitment: The Evolution of Institutions Governing Public Choice in Seventeenth-Century England [J]. The Journal of Economic History, 1989, 49 (4): 803-832.

［67］ North D C. Structure and Change in Economic History [M]. Massachusetts: Norton, 1981.

［68］ Olson M. Distinguished Lecture on Economics in Government: Big Bills Left on the Sidewalk: Why Some Nations are Rich, and others Poor [J]. The Journal of Economic Perspectives, 1996, 10 (2): 3-24.

［69］ Pant D, Tripathi U C, Joshi G C, et al. Photophysics of Doubly-Charged Quinine: Steady State and Time-Dependent Fluorescence [J]. 1990, 51 (3): 313-325.

［70］ Polski M M. Measuring Transaction Costs and Institutional Change in the US Commercial Banking Industry [C]. Annual Conference of the International Society for New Institutional Economics, 2000: 22-24.

［71］ Richard R E. Water Markets, Individual Incentives and Environmental Goals [J]. Choices: The Magazine of Food, Farm & Resource Issues, 1994, 9 (1): 10.

［72］ Rigobon R, Rodrik D, Kennedy J F. Rule of Law, Democracy, Openness, and Income Estimating the Interrelationships 1 [J]. Economics of Transition, 2005, 13 (3): 533-564.

［73］ Robert D Behn. The New Public Management Paradigm and the Search for Democratic Accountability [J]. International Public Management Journal, 1998, 1 (2): 131-164.

［74］ Rothstein, Jonathan P, Kavehpour, et al. Dynamic Contact Angle Measurements on Superhydrophobic Surfaces [J]. Physics of Fluids, 2015 (27): 032107.

［75］ Royer A. Transaction Costs in Milk Marketing: A Comparison between Canada and Great Britain [J]. Agricultural Economics, 2011, 42 (2): 171-182.

［76］ Sachs J, Warner A M. Economic Convergence and Economic Policies [J]. CASE Network Studies and Analyses, 1995, 65 (4): 900-913.

［77］Schultz, Theodore W. Origins of Increasing Returns ［M］. Oxford：Blackwell Publishers，1993.

［78］Shleifer A, Vishny R W. Corruption ［J］. Social Science Electronic Publishing，1993，108（3）：599-617.

［79］Stoll H R, Whaley R E. Transaction Costs and the Small Firm Effect ［J］. Journal of Financial Economics，1983，12（1）：57-79.

［80］Stroup M D. Economic Freedom, Democracy, and the Quality of Life ［J］. World Development，2007，35（1）：52-66.

［81］Torvik R, Acemoglu D, Robinson J A. Why do Voters Dismantle Checks and Balances？［Z］. 2013.

［82］Vaishnav P R, Dixit S K. Trends of Groundnut Productivity in Long Term Experiment ［Z］. 1998.

［83］Wallis J J, North D. Measuring the Transaction Sector in the American Economy，1870-1970 ［M］. Chicago：University of Chicago Press，1986.

［84］Wang Ning. Measuring Transaction Costs an Incomplete Survey ［Z］. 2004.

［85］Williamson O E. The Economic Institutions of Capitalism ［J］. The Political Economy Reader：Markets as Institutions，2008，21（1）：528-530.

［86］Yescombe E. Public Private Partnerships：Principles of Policy and Finance ［M］. London：Elsevier，2007.

［87］Young A. Growth without Scale Effects ［J］. Journal of Political Economy，1998，106（1）：41-63.

［88］思拉恩·埃格特森.经济行为与制度 ［M］. 吴经邦，译.北京：商务印书馆，2004.

［89］巴泽尔.产权的经济分析 ［M］. 费方域，等译.上海：上海人民出版社，1997.

［90］亚当·斯密.国民财富的性质和原因的研究 ［M］. 郭大力，王亚南，译.北京：商务印书馆，1972.

［91］埃尔登·S.亨德里克森.会计理论 ［M］. 江金锁，等译.上海：立信会计出版社，1987.

［92］奥尔森.国家兴衰探源：经济增长、滞胀与社会僵化 ［M］. 吕应中，译.北京：商务印书馆，1993.

［93］薄文广，殷广卫.京津冀协同发展：进程与展望［J］.南开学报：哲学社会科学版，2017（6）：65-75.

［94］蔡地，黄建山，李春米，等.民营企业的政治关联与技术创新［J］.经济评论，2014（2）：65-76.

［95］蔡秋生.1997年世界发展报告［M］.北京：中国财政经济出版社，1997.

［96］蔡跃洲，陈楠.新技术革命下人工智能与高质量增长、高质量就业［J］.数量经济技术经济研究，2019，36（5）：3-22.

［97］陈刚.管制与创业——来自中国的微观证据［J］.管理世界，2015（5）：89-99+187-188.

［98］陈萱.电子商务的交易成本分析［J］.科技资讯，2007（36）：230.

［99］陈振明.中国政府改革与治理的目标指向和实践进展［J］.东南学术，2020（2）：36-43+246.

［100］笪凤媛，张卫东.我国1978-2007年间非市场交易费用的变化及其估算——基于MIMIC模型的间接测度［J］.数量经济技术经济研究，2009（8）：123-134.

［101］道格拉斯·C.诺斯.制度、制度变迁与经济绩效［M］.杭行，韦森，译.上海：上海人民出版社，2014.

［102］德姆塞茨.所有权、控制与企业［M］.段毅才，等译.北京：经济科学出版社出版，1999.

［103］丁建勋，仪姗.资本体现式技术进步、劳动收入份额与我国居民消费率［J］.消费经济，2018，34（5）：36-42.

［104］方颖，赵扬.寻找制度的工具变量：估计产权保护对中国经济增长的贡献［J］.经济研究，2011（5）：138-148.

［105］傅十和，洪俊杰.企业规模、城市规模与集聚经济——对中国制造业企业普查数据的实证分析［J］.经济研究，2008（11）：112-125.

［106］高春明，于潇，陈世坤.人工智能对中国未来劳动力就业的影响——基于劳动力供给视角的分析［J］.社会科学战线，2020（10）：249-254.

［107］高帆.交易效率的测度及其跨国比较：一个指标体系［J］.财贸经济，2007（5）：104-110.

［108］高素英，许龙，王羽婵，等.创新型人力资本对河北省医药制造业绩效提升的效应分析［J］.管理现代化，2016，36（3）：79-81.

［109］耿修林.固定资产投资对产业结构变动的影响分析［J］.数理统计与管理，2010，29（6）：1104-1114.

［110］郭凯明.人工智能发展、产业结构转型升级与劳动收入份额变动［J］.管理世界，2019，35（7）：60-77+202-203.

［111］侯俊军，张莉，窦钱斌."机器换人"对劳动者工作质量的影响——基于广东省制造企业与员工的匹配调查［J］.中国人口科学，2020（4）：113-125+128.

［112］惠炜，姜伟.人工智能、劳动力就业与收入分配：回顾与展望［J］.北京工业大学学报（社会科学版），2020，20（5）：77-86.

［113］贾康，孙浩.运用PPP机制建设廉租房和公租房的建议［J］.中国财政，2011（15）：44-45.

［114］金强，尹音频.智能制造对劳动力市场的冲击机制及对策研究［J］.湖北社会科学，2019（5）：59-68.

［115］金玉国，王琳.政治型交易费用测算的两个维度及其关系——基于中国分省份截面数据的实证研究［J］.财经研究，2010，36（1）：16-26.

［116］金玉国，张伟.1991—2002年我国外在性交易费用统计测算——兼论体制转型绩效的计量［J］.中国软科学，2005（1）：35-40.

［117］金玉国.中国政治型交易费用的规模测算与成因分解——一个基于分位数回归模型的实证研究［J］.统计研究，2008，25（12）：46-52.

［118］科斯.企业的性质［M］//奥利弗·E.威廉姆森，西德尼·G.温特.企业的性质：起源演变和发展.姚海鑫，邢源源，译.北京：商务印书馆，1937.

［119］赖先进.改善营商环境会扩大收入差距吗？——基于跨国面板数据的实证分析［J］.云南财经大学学报，2021，37（1）：38-50.

［120］兰宜生.对外贸易对我国经济增长及地区差距的影响分析［J］.数量经济技术经济研究，2002（7）：119-121.

［121］李聪.陕西企业驻中亚五国的营商环境分析——基于"全球营商环境报告"［J］.商讯，2020，225（35）：7-8+12.

［122］李后建，郭华.企业边界扩张与研发投入［J］.科学学研究，2015，33（12）：1839-1850.

［123］李建标，孙宾宾，王鹏程.财富约束、市场时机与融资行为的实验研究——优序融资和市场择时理论的行为元素提炼［J］.金融研究，2016（5）：

124-137.

[124] 李萍，马庆.我国交易行业交易效率及其影响因素——基于2004-2011年省际数据的随机前沿生产函数分析［J］.财经科学，2013（4）：54-65.

[125] 李燕娥.对制度质量的初步探析［J］.企业技术开发，2010，29（9）：101-103.

[126] 李应博，殷存毅."制度质量"会影响地区创新能力吗?——以台湾地区为例［J］.国际经济评论，2018（1）：143-154.

[127] 李政，杨思莹.创业能否缩小收入分配差距?——基于省级面板数据的分析［J］.经济社会体制比较，2017（3）：21-32.

[128] 李志军.中国城市营商环境评价［M］.北京：中国发展出版社，2020.

[129] 李宗轩，杨秀萍.交易费用、交易效率与经济增长［J］.商业时代，2012（24）：8-9.

[130] 刘勇政，冯海波.腐败，公共支出效率与长期经济增长［J］.经济研究，2011（9）：17-28.

[131] 柳卸林，吴晟，朱丽.华为的海外研发活动发展及全球研发网络分析［J］.科学学研究，2017，35（6）：834-841.

[132] 隆云滔，刘海波，蔡跃洲.人工智能技术对劳动力就业的影响——基于文献综述的视角［J］.中国软科学，2020（12）：56-64.

[133] 娄成武，张国勇.基于市场主体主观感知的营商环境评估框架构建——兼评世界银行营商环境评估模式［J］.当代经济管理，2018，40（6）：60-68.

[134] 卢现祥，李小平.制度转型，经济增长和交易费用——来自中国各省市的经验分析［J］.经济学家，2008（3）：56-64.

[135] 卢现祥，朱巧玲.交易费用测量的两个层次及其相互关系研究述评［J］.数量经济技术经济研究，2006，23（7）：97-108.

[136] 吕荣杰，郝力晓.人工智能等技术对劳动力市场的影响效应研究［J］.工业技术经济，2018，37（12）：131-137.

[137] 吕世斌，张世伟.中国劳动力"极化"现象及原因的经验研究［J］.经济学（季刊），2015，14（2）：757-778.

[138] 罗党论，刘晓龙.政治关系、进入壁垒与企业绩效——来自中国民营

上市公司的经验证据 [J]. 管理世界, 2009 (5): 97-106.

[139] 罗煜. 我国民族地区流通产业市场体系构建研究 [J]. 改革与战略, 2017, 33 (6): 135-137.

[140] 马草原, 马文涛, 李成. 中国劳动力市场所有制分割的根源与表现 [J]. 管理世界, 2017 (11): 22-34.

[141] 马庆. 中国交易效率与经济增长关系研究: 一个分工的视角 [D]. 成都: 西南财经大学, 2014.

[142] 明娟, 卢小玲. 技术创新加剧了企业技能短缺吗? [J]. 北京交通大学学报 (社会科学版), 2021, 20 (1): 76-86.

[143] 缪仁炳, 陈志昂. 中国交易费用测度与经济增长 [J]. 统计研究, 2002 (8): 14-21.

[144] 倪鹏飞. 中国城市竞争力报告 No.18——劲草迎疾风: 中国的城市与楼市 [M]. 北京: 中国社会科学出版社, 2020.

[145] 聂辉华. 从政企合谋到政企合作 [J]. 学术月刊, 2020 (6): 44-56.

[146] 潘峰华, 贺灿飞. 社会资本和区域发展差异——对中国各省区的实证研究 [J]. 学习与探索, 2010 (4): 143-147.

[147] 任晶, 杨青山. 产业多样化与城市增长的理论及实证研究——以中国31个省会城市为例 [J]. 地理科学, 2008, 28 (5): 631-635.

[148] 史晋川, 吴兴杰. 我国地区收入差距、流动人口与刑事犯罪率的实证研究 [J]. 浙江大学学报 (人文社会科学版), 2010, 40 (1): 73-84.

[149] 宋德勇, 苗澍森, 杨睿. 土地集约利用指标评价研究——以武汉市为例 [J]. 中国人口·资源与环境, 2015 (1): 62-65.

[150] 宋林霖, 蒋申超. 放管服改革背景下行业协会去行政化探析 [J]. 天津社会科学, 2018 (3): 93-97.

[151] 苏红键, 赵坚. 产业专业化、职能专业化与城市经济增长——基于中国地级单位面板数据的研究 [J]. 中国工业经济, 2011 (4): 25-34.

[152] 孙早, 侯玉林. 工业智能化如何重塑劳动力就业结构 [J]. 中国工业经济, 2019 (5): 61-79.

[153] 唐建新, 卢剑龙, 余明桂. 银行关系、政治联系与民营企业贷款——来自中国民营上市公司的经验证据 [J]. 经济评论, 2011 (3): 51-58+96.

[154] 唐祥来. 公共产品建设模式之比较 [J]. 山东经济, 2009 (1):

31-34.

[155] 王细芳.基于投入产出表的我国国内交易费用测度 [J]. 经济管理，2008 (11)：39-43.

[156] 王小鲁，樊纲.中国收入差距的走势和影响因素分析 [J]. 经济研究，2005 (10)：24-36.

[157] 王永进，冯笑.行政审批制度改革与企业创新 [J]. 中国工业经济，2018 (2)：24-42.

[158] 吴绮雯.中华人民共和国 70 年经济发展与城乡劳动力就业的关系探析 [J]. 云南社会科学，2019 (3)：34-40+186.

[159] 夏后学，谭清美，白俊红.营商环境，企业寻租与市场创新——来自中国企业营商环境调查的经验证据 [J]. 2021 (4)：84-98.

[160] 夏杰长，刘诚.行政审批改革、交易费用与中国经济增长 [J]. 管理世界，2017 (4).47-59.

[161] 徐现祥，李郇.市场一体化与区域协调发展 [J]. 经济研究，2005 (12)：57-67.

[162] 许和连，王海成.简政放权改革会改善企业出口绩效吗？——基于出口退（免）税审批权下放的准自然试验 [J]. 经济研究，2018，53 (3)：157-170.

[163] 薛有志，吴超，周杰.代理成本，信息不对称与 IPO 前媒体报道 [J]. 管理科学，2014，27 (5)：80-90.

[164] 杨飞.市场化，技能偏向性技术进步与技能溢价 [J]. 世界经济，2017 (2)：78-100.

[165] 杨虎涛.人工智能、奇点时代与中国机遇 [J]. 财经问题研究，2018 (12)：12-20.

[166] 杨肃昌，方来，柳江.中国交易效率的衡量 [J]. 财经问题研究，2012 (12)：18-22.

[167] 杨小凯，黄有光，张玉纲.专业化与经济组织：一种新兴古典微观经济学框架 [M]. 北京：经济科学出版社，1999.

[168] 杨小凯.当代经济学与中国经济 [M]. 北京：中国社会科学出版社，1997.

[169] 杨小凯.发展经济学：超边际与边际分析 [M]. 北京：社会科学文献

出版社，2003.

［170］余志利.中国区域文化产业竞争力评估及政策建议——基于2010年横截面数据的分析［D］.北京：对外经济贸易大学，2013.

［171］袁建国，后青松，程晨.企业政治资源的诅咒效应——基于政治关联与企业技术创新的考察［J］.管理世界，2015（1）：139-155.

［172］张定胜，杨小凯.从交易费用的角度看贸易模式，经济发展和二元经济现象［J］.武汉大学学报：人文社会科学版，2000（3）：314-318.

［173］张鹏.交易效率与经济增长质量的关系研究［D］.西安：西北大学，2011.

［174］张三保，康璧成，张志学.中国省份营商环境评价：指标体系与量化分析［J］.经济管理，2020，42（4）：15-21.

［175］张卫东，夏蕾.营商环境对大众创业的影响效应——来自商事制度改革的证据［J］.改革，2020（9）：10-18.

［176］张五常.交易费用的范式［J］.社会科学战线，1999（1）：1-9.

［177］张亚斌，易先忠.交易效率，专业化分工与跨国并购［J］.财经科学，2004（2）：5-8.

［178］张原.农民工就业能力能否促进就业质量？——基于代际和城乡比较的实证研究［J］.当代经济科学，2020，42（2）：16-31.

［179］赵红军，尹伯成，孙楚仁.交易效率、工业化与城市化——一个理解中国经济内生发展的理论模型与经验证据［J］.经济学：季刊，2006（4）：1041-1066.

［180］赵红军.交易效率：一个衡量一国交易费用的新视角［J］.上海经济研究，2005（11）：3-14.

［181］赵静，陈玲，薛澜.地方政府的角色原型、利益选择和行为差异——一项基于政策过程研究的地方政府理论［J］.管理世界，2013（2）：90-106.

［182］钟富国.交易费用对经济表现之影响：两岸三地之比较［D］.高雄：国立中山大学，2003.

［183］郑礼明，李明，李德刚.创新导向减税与就业结构升级——基于研发费用加计扣除的检验［J］.学术月刊，2021（6）：87-89.

［184］周晶.城乡收入差距、劳动力质量与经济结构关系研究［J］.统计与决策，2019，35（17）：147-150.

［185］周黎安，刘冲，厉行，等．"层层加码"与官员激励［J］．世界经济文汇，2015（1）：1-15.

［186］周婷，沈开艳．性别平等对营商环境的影响研究——基于跨国数据的实证分析［J］．复旦学报（社会科学版），2021（3）：186-196.